Em Busca da Brasilidade

Coleção Estudos
Dirigida por J. Guinsburg

Equipe de realização – Revisão de texto: Juliana Assunção Fernandes; Revisão de prova: Claudia Agneli; Diagramação e sobrecapa: Sérgio Kon; Produção: Ricardo W. Neves e Heda Maria Lopes.

Claudia Braga

EM BUSCA DA BRASILIDADE
TEATRO BRASILEIRO NA PRIMEIRA REPÚBLICA

Dados Internacionais de Catalogação na Publicação (CIP)
(Câmara Brasileira do Livro, SP, Brasil)

Braga, Claudia
 Em busca da brasilidade: teatro brasileiro na
primeira república / Claudia Braga. -- São
Paulo: Perspectiva ; Belo Horizonte, MG :
FAPEMIG ; Brasília, DF : CNPq, 2003. --
(Estudos ; 194)

 Bibliografia.
 ISBN 85-273-0388-4

 1. Brasil – História – República Velha,
1889–1930 2. Características nacionais
brasileiras 3. Teatro brasileiro – História
e crítica I. Título. II. Série.

03-1570   CDD-792.0981

Índices para catálogo sistemático:
1. Brasil : Teatro : História e crítica 792.0981

Direitos reservados à
EDITORA PERSPECTIVA S.A.
Av. Brigadeiro Luís Antônio, 3025
01401-000 – São Paulo – SP – Brasil
Telefax: (0--11) 3885-8388
www.editoraperspectiva.com.br
2003

O Brazil não conhece o Brasil.

Maurício Tapajós e Aldir Blanc

*A Barbara Heliodora,
meu exemplo, meu farol,
que continua sendo tudo o que
eu quero ser quando crescer.*

Sumário

Agradecimentos XIII
Prefácio – *Barbara Heliodora* XV
Apresentação XIX

1. Para Pensar o Teatro Brasileiro na Primeira República 1
   Uma opção de abordagem 1
   Em busca da crise teatral 2

2. Um Palco em Busca da Brasilidade 7
   A pátria e sua linguagem 9
   A nação como tema 11
   Campo *versus* cidade: qual Brasil? 16
   As tentativas oficiais 21

3. Entreato: O Olhar da Crítica 27
   A posteridade e o teatro do Império e da Primeira
   República 31
   Alguns equívocos 36

4. Novamente em Cena: Uma Dramaturgia entre a Forma e o
   Conteúdo 41
   Drama: a busca de um teatro "sério" 42
     O contexto da época 43
     O universo temático 44
   Comédia: a crítica social por excelência 55

  Artur Azevedo: um teatro "ligeiro"? 55
  A comédia de costumes 62
  O "descompromisso" cômico 66
  Melodrama: a emoção rasgada 74
  Arte pela arte – o movimento simbolista no teatro 79

5. Um Último Tópico: Os Grandes Nomes do Palco 85

6. E Enfim... Algumas Conclusões 99

Principais Autores e Obras Encenadas no Período (1889-1930) 101

Bibliografia 117

Agradecimentos

A Neyde Veneziano, grande amiga, pela paciência, pelo carinho, pelas sempre valiosas dicas.

A Fausto Fuser e aos professores Clóvis Garcia, Maria Sílvia Betti e Sílvia Fernandes Telesi, que muito contribuíram para o aprimoramento deste trabalho com inúmeras sugestões.

A Juliana e Mariana, por seu indispensável apoio e compreensão.

A Rosi e Heleniara, por sua imprescindível ajuda no desenvolvimento de diversos pontos deste estudo e no aprofundamento de algumas reflexões.

A Tânia e Teresa, por seu auxílio na obtenção de textos.

A todos os que de inúmeras formas participaram da realização deste trabalho, contribuindo com apoio intelectual e moral, estímulo e muita paciência, o meu muito obrigada.

À Editora Perspectiva, que me deu a honra de inserir esta pequena busca da brasilidade em sua coleção Estudos, de tão reconhecido prestígio.

Finalmente, ao CNPq e à FAPEMIG, cujo precioso apoio possibilitou esta publicação.

Prefácio

É mais do que considerável o prazer que tenho em redigir este breve prefácio, já que não pode haver maior prazer para quem se dedicou ao ensino do que ver antiga aluna, em quem já nos tempos da graduação foi possível identificar as marcas da curiosidade intelectual, partir para a pós-graduação, chegar a mestre e doutora, abraçar a carreira acadêmica e – o que é mais gratificante – mostrar que aquela curiosidade intelectual é acompanhada pela perseverança e o fôlego da pesquisa. Assim aconteceu com Claudia Braga, que não hesitou em abandonar o eixo Rio-São Paulo e foi buscar na Universidade Federal de São João Del Rei as condições de vida mais calma para que pudesse dedicar-se ao trabalho que sonhava realizar.

Neste seu texto *Em Busca da Brasilidade: Teatro Brasileiro na Primeira República*, Claudia Braga dá uma ótima colaboração à nova postura que, nos últimos anos, vem pouco a pouco transformando as tradicionais (des)informações a respeito do nosso passado dramático, seja ele dramatúrgico ou cênico, únicas responsáveis por afirmações tão lamentáveis como as divulgadas na Polônia a respeito do que fez Ziembinski entre nós. O contínuo menosprezo pelo teatro brasileiro nasce principalmente do desconhecimento; as publicações das obras dramáticas completas de vários autores, realizadas pela Funarte, vêm contribuindo para reflexões mais arrazoadas, do mesmo modo que uma maior noção a respeito do desenvolvimento do próprio Brasil também leva a uma avaliação mais correta do que temos como passado.

O teatro, como afirma Shakespeare (por intermédio de Hamlet), é um espelho da natureza; se a Coroa portuguesa proibia a existência de cursos de 3º grau e o acesso aos portos brasileiros a navios estrangeiros – àquele tempo o melhor canal de conhecimento e divulgação de notícias – não é de espantar que até o princípio do século XIX tenha sido muito lento e excepcionalmente dificultoso o desenvolvimento social e cultural deste vasto território fatiado em capitanias hereditárias, ao qual era negada toda e qualquer facilidade tecnológica. Que Brasil poderia então o nosso teatro refletir? Se no século XVIII o marquês de Pombal instruiu o vice-rei, marquês do Lavradio, para que estimulasse o teatro, por considerá-lo instrumento de educação *latu sensu*, não podemos esquecer que por isso mesmo esse teatro teria de ser conduzido para os objetivos colonizadores da Coroa, e não para os que incentivassem a formação de uma identidade brasileira – do mesmo modo que as melhores cabeças tinham de ir serem "feitas" em Coimbra (não contestamos aqui a qualidade da universidade mas apenas o ponto de vista que a orientaria necessariamente em relação à Colônia). Não podemos negar que a dramaturgia brasileira até quase a metade do século XX seja via de regra modesta; porém modesto era, na verdade, o Brasil, e o teatro que temos deve ser conhecido, não só porque várias das peças então escritas podem nos dar real prazer, mas também porque, sem ser a história oficial, essa dramaturgia nos conta muito da realidade cotidiana de nossa formação.

As opções para se investigar um campo tão desconhecido como o teatro brasileiro do passado (aqui, no caso, o da Primeira República) são várias, e o critério adotado por Claudia Braga já é, em si, um excepcional indício do interesse e acerto de sua pesquisa: ao contrário do artista plástico que pode ficar desconhecido por décadas e ser descoberto muito depois de sua morte, o dramaturgo precisa testar sua obra no palco, dominar as linguagens cênicas, para poder se afirmar em sua arte. Tivemos poetas ao tempo da Inconfidência Mineira? Claro que sim; mas a poesia é também uma arte individual. O caso do teatro é bem outro: sendo uma arte que tem suas origens nos ritos comunitários, ela ficou para sempre ligada à necessidade de corresponder a uma ansiedade do grupo social – e por isso mesmo sempre foi tardia, desde a Grécia, quando só floresce depois do épico, do lírico e da prosa. Foi a partir dessa realidade incontestável que Claudia Braga fez sua escolha irretocável: a de tentar avaliar a dramaturgia geralmente condenada como pertencente a um período decadente (1890-1930) por meio exclusivo do que era submetido à prova do palco. O teatro é escrito para ser montado e para se comunicar com o público – público esse que tem de ser suficientemente numeroso para manter o espetáculo em cartaz por períodos que, pelo menos, paguem a montagem...

Quando se afirma que o teatro brasileiro não tem tradição, que ele não existiu antes da década de 1940, é preciso refletir sobre a ausência de concentrações urbanas em um vasto quadro de latifúndios agrícolas. Se Martins Pena aparece na década de 1830, deveríamos talvez lembrar que o panorama vinha mudando no Rio de Janeiro desde a vinda da família real em 1808 e a partir da Independência em 1822. Tanto o período do Segundo Império como o da Primeira República são bem avaliados em termos de espetáculos – portanto de teatro, em termos concretos – sendo que este último é na verdade mais rico do que o primeiro; mas um e outro merecem nosso aplauso pelo esforço que fizeram, nas circunstâncias precárias de um país que, até a Primeira Guerra Mundial, importava coisas tão básicas quanto manteiga da Europa.

Seria surpreendente, então, que o teatro brasileiro só viesse a tomar feição mais densa quando o próprio país passou a acreditar em sua própria identidade, quando os centros urbanos passaram a ser expressão de novas realidades econômicas e sociais? O trabalho desta pesquisa de Claudia Braga não é só significativo para o teatro, mas também para pensarmos o Brasil, no caminho percorrido e no que está dito na dramaturgia desse passado em que, donos de uma independência um tanto repentina e de cordão umbilical dinástico, fomos aos poucos assumindo quem e o que somos, neste país tropical.

Além do carinho da autora para com o tema de sua pesquisa, creio que este livro se torna ainda mais recomendável pela clareza e objetividade com que ela o expõe. No todo, este é um ótimo acréscimo à modesta bibliografia sobre o teatro brasileiro.

Barbara Heliodora

Apresentação

O caminho que traz até aqui tem como ponto de partida o ano de 1992, quando, ao ingressar no Programa de Mestrado em Teatro da UNI-RIO, apresentei como proposta de pesquisa a análise das causas da decadência do Teatro Brasileiro a partir do final do Império. Essa decadência era apontada em inúmeros textos críticos e historiográficos a propósito da vida teatral brasileira, nos quais observava-se a opinião quase unânime de que, após um período relativamente fértil, o teatro brasileiro entrava em recesso em meados do século XIX, só voltando a ressurgir na década de 40 do século XX com o advento da dramaturgia de Nelson Rodrigues, amparada na modernidade européia trazida por Ziembinski.

Para efetivar a análise daquele momento artístico era necessário, entretanto, o conhecimento das obras ali encenadas. Sendo assim, atendendo à sugestão da Profa. Barbara Heliodora, orientadora do trabalho, iniciei a busca dos textos teatrais produzidos e encenados em fins do século XIX e primeiras décadas do século XX, para, após sua leitura, proceder, enfim, à verificação do que se passara em nossa dramaturgia que justificasse a opinião dos estudiosos sobre o período.

O primeiro grande desafio enfrentado nesta tentativa de conhecer a dramaturgia da Primeira República foi o do levantamento das obras encenadas à época[1]. Se nosso país não se caracteriza pelo culto da

---

1. Realizado a partir dos comentários críticos de Mário Nunes (*40 Anos de Teatro*) e das obras *O Teatro no Brasil*, de Galante de Souza; *A Contribuição*

história, pela preservação documental de sua memória, pode-se imaginar o respeito votado a comédias, dramas e melodramas de um período depreciado *a priori*.

A dificuldade de obtenção das obras foi agravada por alguns outros problemas, como por exemplo o fato de inúmeras vezes, ao encontrar em arquivos particulares alguns dos textos buscados para leitura, deparamo-nos tão somente com a "parte" referente a uma personagem específica, o que virtualmente inviabilizava a análise da peça em questão. Este obstáculo, ainda que estarrecedor para o desenvolvimento do trabalho, explica-se a partir de um empecilho da própria época: dada a dificuldade de reprodução integral dos textos a serem representados, uma das práticas utilizadas nas encenações até então era a de distribuir os textos entre os atores de modo que cada ator recebesse apenas aqueles referentes ao papel que lhe cabia. Sendo assim, não nos foi possível encontrar boa parte da versão integral dos textos da época, alguns dos quais julgávamos imprescindíveis para uma melhor avaliação do período.

Em todo caso, mesmo cientes das falhas que certamente adviriam pela ausência dessas peças, cujos títulos faziam supor temas atuais e que, pelos comentários críticos do período, teriam alcançado grande sucesso entre o público de então, concluímos que, com os textos encontrados, já nos era possível delinear um painel geral a propósito da dramaturgia da *belle époque* brasileira.

Essa leitura dos dramas e comédias da época foi fazendo surgir a nossos olhos o desenho crítico e divertido de um Brasil até então desconhecido, com um movimento artístico atuante e um conjunto de obras em nada inferior ao de qualquer outro período de nosso desenvolvimento. Avultaram ali, entre tantas outras, as figuras de Cláudio de Souza, Coelho Neto, Gastão Tojeiro, Júlia Lopes de Almeida, Oduvaldo Viana (pai), Oscar Lopes, Renato Viana e Roberto Gomes, por exemplo, que poderiam, com justiça, ser colocados lado a lado com os mais conhecidos nomes de nossa história teatral.

Ao compararmos a produção teatral encontrada com a dramaturgia que lhe era anterior, na investigação do ponto em que a ruptura, a degenerescência, se teria manifestado, o que se apresentou em nossas leituras, ao contrário da decadência que era imputada à produção teatral dos primórdios de nossa República, foi a continuidade de uma produção dramatúrgica, predominantemente cômica, popular, cujo objetivo, também ao contrário do que esperávamos, era a tentativa de decifrar, compreender e, sobretudo, explicar o Brasil.

Ou seja, depois de tanto procurar o momento, o ponto de decadência, constatávamos que tal processo, aparentemente, não se dera. Não

Italiana ao Teatro Brasileiro, de Miroel Silveira e *História da Inteligência Brasileira*, de Wilson Martins.

encontramos entre os historiadores consultados e, sobretudo, entre as obras teatrais da Primeira República, uma explicação convincente para a eleição deste período específico como aquele em que se evidenciava a *decadência* de nossa dramaturgia. Sendo assim, toda a hipótese anteriormente proposta, esta sim, entrava em degenerescência.

Percebemos, então, inversamente às primeiras expectativas, a necessidade de se reavaliar a produção dramatúrgica do período, de modo a redimensionar sua posição na historiografia teatral brasileira. Invertemos, portanto, o ponto de vista inicial para, por meio do estudo dos textos dramáticos da época, iniciar uma releitura de nossa história teatral, agora buscando refutar a alardeada teoria do decadentismo da dramaturgia durante os primeiros anos do Brasil republicano. E é o que vimos tentando realizar desde então.

O período aqui analisado demonstrou ter sido extremamente fértil em termos de vida cultural. Contrariamente ao exposto em diversas afirmações conhecidas, não constitui um lapso na vida teatral brasileira e muito menos caracteriza-se por uma produção dramatúrgica decadente. Os dramas, melodramas e comédias escritos e representados no espaço de tempo compreendido entre o final do Império e a Revolução de 30, ao contrário, revelam constantes tentativas de aprimoramento da arte dramatúrgica tanto quanto de busca de expressões dramáticas que expressassem os sentimentos nacionais diante das transformações por que passavam o país e o mundo.

O início do período republicano é o do estabelecimento do país como *unidade* independente. Da mesma forma, a dramaturgia da época, acompanhando a sociedade que a cerca, inicia sua "proclamação de independência" de modelos e valores anteriormente consagrados e principia, pouco a pouco, a encontrar sua própria face, sua própria identidade. Pela avaliação das obras produzidas e encenadas na Primeira República, não há como deixar de constatar que a dramaturgia brasileira levada à cena no período em nada denigre o passado teatral brasileiro, tendo, ao contrário, contribuído com peças de qualidade para a construção e estabelecimento de nossa história dramatúrgica.

Cada drama ou comédia ali encontrados acabam, em seu conjunto, compondo um vasto *quadro* da sociedade brasileira dos primeiros anos da República, seja pelos temas abordados, pelos tipos desenhados ou pelo estilo empregado. A questão do nacionalismo que começava a se fortalecer, as mudanças comportamentais, as notícias dos fatos mundiais que aqui chegavam, os *equívocos* sociais que tantas e tão boas comédias renderam para seus contemporâneos, mesmo a tendência *crepuscular* do estilo simbolista, lá estão, nas obras do período, formando o painel representativo de todos os aspectos de nossa sociedade.

Em sendo assim, como se vê, o aprofundamento do estudo da vida teatral brasileira na Primeira República revela-se de vital importância para a complementação historiográfica da produção cultural de nosso país como um todo, e a produção dramatúrgica dos primórdios da República, desprestigiada e praticamente desconhecida, reclama estudos despidos de preconceitos, em análises mais isentas do que as que se têm realizado até o momento.

Essa leitura imparcial dos textos teatrais encenados no período da Primeira República, possibilitará que a dramaturgia brasileira da época revele-se como realidade palpável, nem melhor nem pior do que a de qualquer outro período de nossa história, e cujos textos justificam plenamente o sucesso alcançado em sua época e a importância de seus autores no panorama teatral brasileiro, reconhecida e aplaudida pela platéia que lhes foi contemporânea.

Enfim, como os estudos sobre a história do teatro brasileiro na Primeira República – por mim iniciados há dez anos – levaram a resultados divergentes da posição difundida pela historiografia oficial a respeito do período, senti-me estimulada à sua divulgação, com o objetivo de, no mínimo, trazer à luz aspectos desconhecidos das obras ali produzidas e propor discussões sobre alguns dos mais controversos pontos aventados pela esmagadora maioria dos autores que já se debruçaram sobre o tema.

1. Para Pensar o Teatro Brasileiro na Primeira República

UMA OPÇÃO DE ABORDAGEM

Cada objeto em estudo exige a escolha de um método específico de abordagem. O mal-afamado teatro brasileiro encenado de 1889 a 1930 exibe variadas facetas; sendo assim, igualmente diversas poderiam ser as metodologias a serem utilizadas para efetuar sua abordagem. Poder-se-ia apreciá-lo à luz das modernas teorias de encenação; seria possível a elaboração de análises sobre seus variados gêneros; surgiriam avaliações quanto à forma; também se poderiam estabelecer estudos a partir das críticas da época; enfim, diante deste objeto, como de qualquer outro, um vasto leque de opções se abre ao pesquisador.

Escolheu-se um princípio, para nós, de suma importância para uma visão geral do teatro do período: a análise da dramaturgia aqui realizada fez-se somente sobre os textos dramatúrgicos encenados. Entre as obras mencionadas, todas, incondicionalmente, foram levadas à cena.

Algumas razões explicam esse *a priori*; uma delas é a de que a única realidade possível para um texto dramático é sua existência no palco, baseada na idéia de que uma peça possui "virtualidades estéticas e afetivas que só se desenvolverão pela representação, que só aparecerão num palco"[1]. Sendo assim, de nada nos adiantaria enveredar pelos caminhos e descaminhos dos inumeráveis escritos teatrais que

---

1. L. Arantes, 1970, p. 5.

não passaram, em seu tempo, pela avaliação de seus contemporâneos. Optamos, pois, por não trabalhar no terreno da hipótese, nem no da análise puramente literária, cuja especificidade não alcança o jogo teatral. Além disso, entendemos o teatro como um reflexo, em geral crítico, da sociedade que o cerca. Conscientes de que navegamos em mar por muitos abandonado, consideramos ainda, todavia, que entre os textos teatrais de qualquer época, os que são levados à cena são os que refletem – senão a própria sociedade, seus gostos, hábitos e costumes – uma opção estética desta sociedade.

Outro motivo para o estabelecimento dessa regra geral básica é o de que se tratava de uma garantia de total liberdade de movimento entre as peças em estudo, desvinculando a apreciação, em princípio, de gêneros, estilos ou temas particulares para, numa visão global daqueles textos levados à cena, proceder à verificação de suas especificidades e, aí sim, agrupá-los segundo tal ou qual tendência.

Esse procedimento permitiu algumas constatações. Uma delas, a de que os primeiros anos de nossa República marcam o surgimento de expressiva preocupação com a valorização do que era brasileiro: inúmeros dramas e comédias produzidos na Primeira República abordam a questão da nacionalidade. Outra observação foi a de que, para os intelectuais e eventuais críticos da época, o teatro brasileiro ainda estava para ser inventado, necessitando de estímulos oficiais para seu efetivo estabelecimento. Finalmente, observa-se que a dramaturgia brasileira do período manifesta clara preferência pela contemporaneidade de temas e discussão das questões mais frementes no momento.

Tratar-se-á aqui, portanto, com a apresentação de obras da época, de expor e comprovar aos olhos atuais a existência de um conjunto dramatúrgico digno de toda a atenção, produzido na Primeira República, além de explicitar que, fruto de longa tradição teatral, a dramaturgia brasileira "pré-modernista" teve como preocupação a discussão e/ou representação de temas que lhe eram contemporâneos, consolidando sua identidade passo a passo, refletindo as dificuldades próprias de seu tempo.

EM BUSCA DA CRISE TEATRAL

O período inicial da República brasileira é uma das épocas de maiores e mais intensas mudanças em nossa história, tanto econômica quanto social e culturalmente. Estas mudanças sociais e econômicas refletiram-se na vida teatral do país em diversos níveis e geraram transformações na própria produção da dramaturgia. É, todavia, de todo insuficiente o material analítico sobre o conjunto dessas obras e são quase inexistentes os arquivos especializados que possibilitem uma pesquisa aprofundada sobre o movimento teatral à época.

Possivelmente por este mesmo virtual desconhecimento sobre o assunto, na maior parte dos estudos conhecidos sobre o desenvolvimento do teatro brasileiro, este período – que vai aproximadamente da Proclamação da República até, em geral, o início da década de 40 do século XX – é apontado como de degenerescência de nosso teatro e qualquer tentativa de pesquisa de nossa dramaturgia esbarra com a observação unânime de que, após um período relativamente fértil, o teatro brasileiro entra em recesso a partir da década de 80 do século XIX, sendo o palco, a partir de então, ocupado tão-somente pelo teatro musicado em geral, particularmente pelas revistas.

A propósito do teatro de revista, estudos recentes como os das professoras Flora Süssekind (*As Revistas de Ano e a Invenção do Rio de Janeiro*) e Neyde Veneziano (*O Teatro de Revista no Brasil: Dramaturgia e Convenções*), por exemplo, já principiaram o processo de sua reavaliação, demonstrando o equívoco de alguns dos julgamentos críticos conhecidos, e propondo uma nova postura quanto à valorização do gênero. A respeito da produção de dramas e comédias, no entanto, a opinião generalizada sobre as obras do período, abalizada por grande parte da crítica erudita, permanece bastante desairosa.

Entre as opiniões mais difundidas sobre a dramaturgia brasileira da época, mesmo entre aqueles que viveram e produziram naquele momento, grassa uma visão extremamente depreciativa a propósito do que então se realizava em termos de movimento teatral. Em 1898, Artur Azevedo lamentava "a memória de alguma coisa que já tivemos". Entre os teóricos, o historiador J. Galante de Souza, por exemplo, aponta os anos 80 do século XIX como o início da "decadência do teatro brasileiro"[2] e o professor Sábato Magaldi, em seu *Panorama do Teatro Brasileiro*, também cita, por sua vez, a "crise teatral do começo do século XX"[3].

Sendo assim, considerando esta quase unanimidade, e também que uma decadência é necessariamente posterior a um período especialmente "rico", iniciamos a procura do ponto de ruptura, buscando, em nosso trabalho, cotejar os textos da Primeira República que encontrávamos com a produção nacional conhecida, desde a instauração do Império.

Ao retroceder, todavia, aos períodos considerados de "auge", como o do surgimento da escola realista no teatro brasileiro, ou mesmo o da estréia da primeira peça dita *brasileira* – o drama *Antônio José ou O Poeta e a Inquisição* (13 de março de 1838), de Gonçalves de Magalhães –, observa-se uma linha de continuidade, sobretudo no que se refere ao teatro de cunho popular. Desse modo, pode-se afirmar que em nenhum momento de nossa história deixou de haver, por parte

2. J. G. Sousa, 1960, p. 230.
3. S. Magaldi, 1970, p. 152.

de autores e comentaristas, o desejo de efetivar a estruturação do teatro brasileiro, traduzido por diversas tentativas de estabelecimento de uma dramaturgia nacional e pelo mais legítimo anseio de uma cena que refletisse nossa realidade.

A rigor, desde Martins Pena, o teatro brasileiro do período monarquista caracterizou-se como a busca de um caminho teatral próprio. A temática das brasileiríssimas e populares comédias de Pena ou de José de Alencar e Joaquim Manuel de Macedo – cuja funcionalidade estrutural ainda hoje pode ser observada – é nacional; é-nos impossível deixar de constatar, entretanto, que suas raízes formais são exatamente aquelas da *Comédia Nova*, presentes na dramaturgia cômica européia do período, o que em nada compromete sua qualidade teatral e sua relação específica com a platéia brasileira.

Quanto aos dramas, em plena vigência da estética realista – citada de modo geral como o período mais efervescente do teatro nacional – Machado de Assis indica a grande quantidade de peças estrangeiras em nossos teatros como causa do desânimo dos novos dramaturgos e da ausência da platéia nas representações de peças brasileiras, afirmando ainda que "o teatro tornou-se uma escola de aclimatação intelectual para que se transplantaram as concepções de estranhas atmosferas, de céus remotos. [...] não tem cunho local, reflete as sociedades estranhas, vai ao impulso de revoluções alheias à sociedade que representa"[4].

A desistência das tentativas dramatúrgicas de José de Alencar, por sua vez, corrobora o comentário de Machado, e é justificada, pelo autor do *Demônio Familiar*, a partir da "indiferença desse público híbrido, que desertou da representação de um drama nacional, inspirado no sentimento patriótico, para afluir aos espetáculos estrangeiros"[5].

Em 1888, a mesma constatação aparece no *A Pedidos* do *Jornal do Commércio*, em quadrinhas que lamentam o excesso de representações estrangeiras e sua massiva propaganda junto ao público, assinadas por "Um da banda":

Variações de Flautim – VIII

Companhias! Companhias!
Só se ouve anunciar;
Os dramas e cantorias
Teremos, pois, que aguentar...

Vêm da Itália, vêm da França,
Vêm da China e do Japão...
Vamos ter grossa festança,
De festas aluvião.

---

4. M. Assis, 1955, pp. 15-16.
5. S. Magaldi, 1970, p. 90. A transcrição não contém indicação de fonte.

O que me amola, porém,
É ver que a população
Procurará as que vêm
Prejudicando as que estão!

E estas pouco usufruem,
E, servindo bem ou mal,
Por si mesmas constituem
O nosso teatro normal.

Enfim... Às três e às quatro
Podem vir não será novo
Haver pro povo teatro
Sem ter o teatro, povo![6]

Estão portanto marcadas, em diferentes comentários, de períodos diversos, a falta de identidade da população em geral com os dramas apresentados – "não tem o teatro, povo!" – e a informação de que (ao menos desde 1859) tal fato "não era novo".

A partir das observações precedentes, nossa avaliação do período realista forçosamente diferirá daquelas apresentadas pela maioria de nossos historiadores, estando apoiada sobretudo nas seguintes ressalvas: em primeiro lugar, a exuberância de representações teatrais citada por nossos estudiosos era formada por esmagadora maioria de textos estrangeiros, o que impossibilita a classificação do período em questão como a época *áurea* do teatro *brasileiro*. Em segundo lugar, o fato de ter-se intensificado nessa época a participação dos intelectuais em geral, os de imprensa em particular, nas discussões a propósito do antagonismo entre a escola que se instaurava e os melodramas e dramas românticos ainda em voga, não significa que tais debates eram travados em torno da produção nacional, que continuava criticada pelos intelectuais e, como vimos, distanciada da platéia que lhe era contemporânea.

Aparentemente, portanto, nada há, ao longo de nossa história teatral, que justifique a hipótese de "crise" específica da produção do final do século XIX.

Ora, levando-se em consideração tão-somente a afluência de público às representações teatrais, poder-se-ia idealizar a entronização do romantismo tanto quanto a do realismo: o público afluía em massa para assistir às criações de João Caetano dos Santos. Nessa linha, as comédias de Martins Pena também lotavam as platéias, apesar de o autor não ter logrado a encenação de nenhuma de suas comédias pelo maior ator da época, o próprio João Caetano, que preferia os grandes dramas românticos europeus.

---

6. *Jornal do Commércio*, 21 abr. 1888.

Tomando-se ainda a opinião de Machado de Assis, em outro trecho de sua crítica de 1859, na qual o autor confirma suas observações anteriores, asseverando que "se o teatro como tablado degenerou entre nós, o teatro como literatura é uma fantasia do espírito", e finalizando com sua afirmação de que nosso teatro é um "presbita da arte que não enxerga o que se move debaixo das mãos"[7], perceber-se-á a impossibilidade de idealização de qualquer período de nosso desenvolvimento cultural.

A partir desta constatação, numa observação isenta, verifica-se, sim, que à importância histórica do *Ginásio Dramático*[8] de 1855 a 1865, pode-se comparar, com a devida distância, a do Teatro Trianon na década de 20 do século XX. E ainda, que o estímulo de empresários e intelectuais às tentativas teatrais das primeiras décadas do século XX em muito se assemelha a quaisquer outros ocorridos no período anterior à Proclamação da República.

A questão é que, principalmente do ponto de vista de nossa formação cultural, desde os tempos do Império esteve subjacente ao conceito de civilização das platéias brasileiras o *mito* da erudição européia, ou seja, descende da aristocrática Corte Imperial a tendência à depreciação, por parte de nossas elites, do *produto* nacional levado à cena, independentemente da qualidade que pudesse apresentar.

A busca da crise teatral brasileira revelou-se, portanto, inócua. O estudo dos textos dramatúrgicos brasileiros escritos e encenados na Primeira República desvenda um caminho de desenvolvimento artístico seguido por nossos autores, cuja opção preferencial demonstra ter sido a de um teatro popular. Se estas obras mantiveram-se até então olvidadas, ou mesmo ignoradas por parte dos estudiosos de nossa história teatral, a explicação provavelmente deve-se antes de mais nada ao preconceito das camadas "ilustradas" quanto às formas mais populares de cultura.

A questão problematizada no presente trabalho envolve, em suma, exatamente esta dicotomia: a efetiva produção teatral brasileira e o que dela exigia a elite nacional. Sendo assim, buscamos realizar uma reavaliação da dramaturgia brasileira produzida após a Proclamação da República e comprovar que, em vez do vácuo sugerido pela crítica estabelecida, o país manteve, no período abordado, "uma tradição teatral popular, de raízes anteriores ao movimento europeizante"[9] trazido por Ziembinski, tradição esta que, até muito recentemente, foi ignorada ou mesmo estigmatizada pela historiografia erudita de nosso movimento artístico no período abordado.

---

7. M. Assis, 1955, pp. 15-16.

8. Teatro do Rio de Janeiro, inaugurado em 1855, nos moldes do *Gymnase Dramatique*, francês, palco das reações realistas aos dramas românticos encenados na época.

9. F. Fuser, *A "Turma" da Polônia na Renovação Teatral Brasileira, ou Ziembinski: O Criador da Consciência Teatral Brasileira* – Tese de Doutoramento (ECA-USP), pp. III-IV.

2. Um Palco em Busca da Brasilidade

Ao longo da formação cultural do país, um dos ideais mais cultuados por seus artistas e intelectuais foi o da "brasilidade", que se entendia como a busca de uma expressão puramente nacional nas diversas manifestações artísticas. Na dramaturgia, o mito da criação de um teatro genuinamente brasileiro povoou o imaginário de inúmeros autores, para quem, sem uma herança dramatúrgica nacional expressiva, o teatro brasileiro era um edifício a ser construído.

No período imperial, Martins Pena (1815-1848), Gonçalves de Magalhães (1811-1882), Gonçalves Dias (1823-1864), José de Alencar (1829-1877), Joaquim Manuel de Macedo (1820-1882), Joaquim José da França Júnior (1838-1890) e Artur Azevedo (1855-1908), entre outros, lutaram pela criação e pelo desenvolvimento de uma cena brasileira. Para alguns desses autores, todavia, a construção do teatro brasileiro passava pela adaptação popular e aclimatada dos modelos dramatúrgicos europeus, em especial os franceses.

Em relação a Gonçalves de Magalhães – autor da tragédia *Antônio José ou O Poeta e a Inquisição* (1838), por ele apresentada como "a primeira Tragédia [*sic*] escrita por um Brasileiro, e única de assunto nacional"[1] –, assim como ocorre com Gonçalves Dias – autor, por exemplo, do drama *Leonor de Mendonça* (escrito em 1846, mas levado ao palco apenas em 1957) –, a sonhada "brasilidade" nada mais é

---

1. D. A. Prado, 1998, p. 42.

que ilusão: o único conceito de nacionalismo que se pode auferir de seus textos é o fato de terem sido escritos por brasileiros. As obras de ambos os autores, além de ancorarem-se indefectivelmente nos modelos neoclássico e romântico europeus, desenvolvem-se, entre condes e duques portugueses, por meio de tramas cujos assuntos não poderiam em absoluto ser chamados de "nacionais".

Ainda que confessadamente inspiradas na dramaturgia européia, as obras teatrais de José de Alencar e Joaquim Manuel de Macedo representam um passo à frente na conquista de uma cena que exprimisse a realidade brasileira. De modo geral, tanto *O Rio de Janeiro – Verso e Reverso* (1857), *O Demônio Familiar* (1857), *A Mãe* (1860) e *O Jesuíta* (escrita em 1861 e encenada em 1875), de Alencar, quanto *Cobé* (1859), *O Novo Otelo* (1860) e *A Torre em Concurso* (1861), de Macedo, tematizam questões de interesse nacional – os encantos e desencantos da capital do Império (*O Rio de Janeiro – Verso e Reverso*), as contraditórias relações entre negros e brancos (*O Demônio Familiar* e *A Mãe*), a população indígena primitiva e seus "colonizadores" (*Cobé* e *O Jesuíta*) – apesar de, segundo José de Alencar, seu modelo ter sido buscado "no país mais adiantado em civilização, e cujo espírito tanto se harmonizava com a sociedade brasileira: na França"[2].

A declarada subserviência do comportamento nacional diante de tudo o que fosse estrangeiro (sobretudo europeu) na ânsia de demonstrar laivos de civilização foi, inclusive, tema de diversas de nossas comédias. Martins Pena, com *O Inglês Maquinista* (1845), apontava para os delírios dos estrangeiros sobre as possibilidades de ganhos com invenções extravagantes no Brasil, país que, para eles, apresentava-se inteiramente absurdo. O assunto será retomado, por exemplo, em *Caiu o Ministério* (1882), de França Júnior. Joaquim Manuel de Macedo, com *A Torre em Concurso*, por sua vez, ridicularizará o fato de que, para o ponto de vista de sua época, a tal "civilização" só pudesse vir com a imitação inquestionável do modo de vida europeu ou, por extensão, de sua *filial* européia, o Rio de Janeiro. O espírito brasileiro de nossa dramaturgia já se manifestara, como se pode observar, desde Martins Pena, e sua linhagem teria continuidade principalmente em França Júnior e, em outros moldes, em Artur Azevedo.

No período abordado – fruto de um longo processo político-social de nacionalização – vemos surgir, porém, a colocação do Brasil como o próprio objeto do texto dramatúrgico, sendo mostrado em geral como vítima do desprezo por parte de sua elite urbana, a favor de modelos parisienses. A visão dos dramaturgos do período, no entanto, transfere-se da simples crítica ao exagerado estrangeirismo no com-

2. *Apud* S. Magaldi, 1970, p. 92.

portamento autóctone para uma postura de valorização do país e de suas diferentes regiões.

A partir do advento da República acerba-se a postura de valorização do "produto" nacional em todas as instâncias. Para o historiador Miroel Silveira, esta tendência nacionalista se dividiria em três vertentes básicas: "a da tipificação do italiano imigrante (no caso específico da dramaturgia paulista), a da reação nacional regionalista em torno do linguajar, da música e dos personagens caipiras e finalmente a da reação nacional urbana"[3]; ainda segundo Miroel, a reação "tinha fundamentos históricos no plano político (uma nação jovem tentando afirmar sua independência frente às potências) e ligava-se, no plano literário, a um movimento pós-romântico mais amplo"[4].

De fato encontraremos, em inúmeras obras da Primeira República, referências diretas ou indiretas à questão do nacionalismo. Em algumas delas são rechaçados os excessivos estrangeirismos utilizados no vocabulário brasileiro, em outras a valorização do país é o tema do texto teatral e, finalmente, diversas peças do período evidenciam a mais polêmica questão de nossa construção como nação: o confronto entre a tradição, representada pela estrutura agropastoril, e os avanços trazidos pela modernização industrial.

A PÁTRIA E SUA LINGUAGEM

Uma das maiores dicotomias enfrentadas pela sociedade brasileira no período da Primeira República foi o contraste entre a dificuldade de reconhecimento e absorção dos valores nacionais como valores culturais pelas elites urbanas, que ainda buscavam identificar-se com o *modus vivendi* europeu, e a massa populacional para quem esta preocupação inexistia. Para as elites, era fundamental demarcar seu distanciamento do brasileiro comum, símbolo, para elas, do atraso do país. Entre as possibilidades de demonstração mais claras desta pseudo-sofisticação à européia era corriqueiro o uso indiscriminado da língua francesa, utilizada em diversas situações: desde palavras e expressões entremeadas ao português até o "requinte" da exclusividade do francês nas conversações *chics* dos salões.

Paralelamente à distância que se estabelecia entre a "alta sociedade" e o povo brasileiro, nas artes o nacionalismo exacerbava-se em todos os níveis. Percebe-se, por exemplo nas obras literárias, o objetivo de demonstração de que as diferenças que apresentávamos como sociedade em muitos casos eram tão-somente diferenças e não um estig-

---

3. M. Silveira, 1976, p. 117.
4. *Idem*, p. 121.

ma de nossa inferioridade perante o mundo europeu. Segundo Wilson Martins, "a literatura brasileira da época deseja ser fortemente brasileira e fortemente literária; ao 'conhecimento da terra', ao aproveitamento dos temas brasileiros, acrescenta-se o postulado do conhecimento lingüístico e da riqueza idiomática"[5].

Considerando nosso ponto de vista de que o movimento dramatúrgico se dá a partir da reflexão a propósito das questões sociais que lhe são contemporâneas, é natural que a reação sistemática de apologia do que era nacional fosse transposta para o palco e se fizesse, entre outros fatores, pela defesa da própria língua portuguesa.

Sem o radicalismo gramático de um Antônio de Castro Lopes – figura do Império famosa por inventar ou desencavar estranhos vocábulos que substituíam os estrangeirismos lingüísticos, ridicularizado por Artur Azevedo em *O Bilontra*[6] – inicia-se na dramaturgia uma clara campanha de defesa da língua pátria e, conseqüentemente, de crítica à excessiva utilização do francês nas conversas em sociedade.

Inúmeros textos do período apresentam personagens em cujas falas se faz intermitente defesa de nossas expressões. Em *A Capital Federal*, comédia de Artur Azevedo estreada em 1897, um carioca irrita-se diante de um gerente de hotel pernóstico que julga necessário o francês para dizer a expressão "menino de recados":

– Chasseur! Pois não havia uma palavra em português para...
– Não havia, não senhor.
(Quadro I, cena V)[7]

Em *O Badejo*, comédia de 1898 do mesmo autor, é o cozinheiro que, fazendo uso de uma das tais palavras inventadas por Castro Lopes (o *cardápio* no lugar do *menu*), ao ser inquirido pelo patrão, explica sua atitude com estes decassílabos:

Literato não sou mas sou purista;
Embirro com palavras estrangeiras.
Hoje que tudo se nacionaliza...
(A. I, c. II)[8]

A defesa idiomática foi também a maneira encontrada por Coelho Neto para uma avaliação nada lisonjeira dos que inseriam o francês em seu vocabulário em *Quebranto,* estreada no Teatro da Exposição Nacional de 1908.

---

5. W. Martins, 1996, vol. 5, p. 225.
6. Revista fluminense do ano de 1885.
7. A. Azevedo, 1995, p. 325.
8. *Idem*, p. 452.

Ainda que de forma um tanto maniqueísta, Coelho Neto ensejou demonstrar, em *Quebranto*, que a degeneração moral da alta sociedade era diretamente proporcional à sua francofilia lingüística. Na casa onde se desenvolve a ação, a única moradora que não aparece moralmente corrompida é Dona Clara, cujos costumes são ainda os de antigamente e que, portanto, desaprova a algaravia das conversas: "É isso, até a língua. Já a gente não sabe que língua fala, é uma misturada que ninguém entende"[9].

Em outro texto, *Eu Arranjo Tudo*, de Cláudio de Souza (1876-1954), a defesa do que é nacional passa pela afirmação da linguagem. Nos diálogos da peça (Trianon, 22 de novembro de 1915), são poucas as referências à linguagem, ainda que existam algumas, como esta fala, logo na primeira cena do primeiro ato: "Bouquet! Diga ramalhete, que é português"[10]. Bastante interessantes, porém, são as rubricas do autor para os eventuais atores ou ensaiadores: ao longo de todo o texto da comédia existem notas explicando o uso dos vocábulos nacionais, a razão de sua escolha e significado, bem como justificativas para a utilização de alguns vocábulos estrangeiros cuja tradução não seria possível.

Também no teatro de revista, desde a década de 1910 já aparecem títulos consagrando "brasileirismos" que só serão admitidos muito mais tarde, como por exemplo "Me deixa..." ou "...ta-hí"[11], comprovando que a preocupação com o uso do linguajar brasileiro na dramaturgia, aliada a inúmeras críticas aos "estrangeirismos" de nossa sociedade, estão presentes em diferenciados gêneros teatrais ao longo de todo o período em questão.

A NAÇÃO COMO TEMA

A defesa do que é brasileiro, via linguagem, é visível durante toda a época observada. Bem mais tardiamente, porém com bastante intensidade, começam a surgir também textos em que se enaltece o próprio país. É sintomático o aparecimento de títulos como *Na Roça* (1913), de Belmiro Braga, *Nossa Terra* (1917), de Abadie Faria Rosa, *Terra Natal* (1920), de Oduvaldo Viana, *Nossa Gente* (1920), de Viriato Corrêa ou *Onde Canta o Sabiá* (1921), de Gastão Tojeiro.

Sem o ufanismo das apoteoses[12] do teatro de revista, percebe-se claramente a necessidade sentida pelos dramaturgos – principalmente

---

9. H. Coelho Neto, 1998, p. 223.
10. C. Souza, 1920, p. 11.
11. M. Silveira, 1976, pp. 152-153.
12. Quadro final de peças de teatro de revista em que, em geral, era feito o elogio do país ou de algum estado em particular.

a partir do começo da Grande Guerra – de descrever a terra brasileira, seu povo e seus costumes para as platéias de então. Este nacionalismo, que era colocado "ora em termos de regionalismo, ora de costumes urbanos e suburbanos"[13], explica-se ainda por duas razões: uma delas, a principal,

a dificuldade de comunicações entre a Europa e o Brasil, por força da guerra de 14, beneficiando-nos com um relativo isolamento, fecundo para o crescer de nossa indústria e para uma "olhada para dentro", na descoberta e valorização do que era nosso[14].

A outra, uma reação, em São Paulo, "contra o avassalador italianismo que tomara conta da cidade"[15] assim como, no Rio de Janeiro, a continuidade do movimento contra o "francesismo" exagerado já indicado anteriormente.

As obras regionalistas, cujas raízes podem ser apontadas desde *A Família e a Festa na Roça* (1838), de Martins Pena, caracterizavam-se, entre outras coisas, por serem ambientadas no interior do país, tematizando situações também tipicamente interioranas. Entre as mais encenadas do período poderíamos citar *Na Roça* (1913), de Belmiro Braga, ou *Juriti* (1919), de Viriato Corrêa.

Em *Na Roça* (Bijou Salão, SP, 1913), ambientada numa fazenda de Juiz de Fora, são apresentados diversos costumes do interior do país, entre eles o hábito das quermesses e festas de arraial. São também retratados na peça os migrantes (nesse caso portugueses) que para aqui vêm, se estabelecem e criam raízes, e a praticidade camponesa na escolha do casamento, na qual o companheiro é avaliado muito mais por sua potencial força de trabalho que por um comportamento romântico de fazer a corte. Outra característica do regionalismo da época, do qual *Na Roça* é um dos exemplos, é que os textos tratam de costumes do interior buscando sua representação sem qualquer referência ou comparação com a cidade grande ou a capital.

Juriti (São Pedro, 16 de julho de 1919) foi apresentada como "peça de costumes sertanejos" e trazia para o palco, entre outros costumes, as acirradas rivalidades políticas dos "coronéis" e o "bumba-meu-boi". Apesar de passar-se entre festas populares, cantos e danças, lembrando as comédias de Martins Pena, a peça de Viriato Corrêa, entretanto, já não exibe mais o encanto daquelas ante os apelos da capital. Muito pelo contrário, na única referência à população da cidade grande, Juriti, a personagem central, expressa a nova mentalidade que se estabelecia:

JURITI – O doutor é do sertão e não conhece o sertanejo? Nós, aqui, queremos lá saber de vocês? [...] A gente ama é o que tem vida, o que tem coragem, o que tem saúde,

13. M. Silveira, 1976, p. 121.
14. *Idem, ibidem.*
15. *Idem*, p. 123.

o que tem força. Não sei bem o que é. Mas é uma coisa que os senhores da cidade não têm. Vocemecês lá são homens? Se apanham uma queda, adoecem, se apanham um chuvisco, vão para a cama. Nós aqui nos rimos da gente da cidade[16].

O processo de valorização do país que se estabelece vai abandonando, como se vê, a visão de que a capital federal, por seu cosmopolitismo, era o espelho em que se deveria refletir a imagem do país; tanto *Na Roça* quanto *Juriti* são textos nos quais o território *não carioca* do país é retratado sem o estigma do caipirismo e sua inevitável comparação com a civilidade da capital.

Essa postura nacionalista não se restringe às peças regionais. *Nossa Terra* (Trianon, 23 de julho de 1917), do gaúcho Abadie Faria Rosa, insere-se numa linha mais urbana desse movimento. *Onde Canta o Sabiá* (Trianon, 9 de junho de 1921), de Gastão Tojeiro, é outro exemplo de nacionalismo nessa mesma linha. Sua ação é ambientada numa casa de classe média de subúrbio (ao lado da linha do trem) onde mora a família de Justino e Inácia: suas filhas, Fabrino (o genro do casal), o primo boa-vida, a empregada e o jardineiro. Não faltam ali nem a instalação próxima de um "circo de cavalinhos", nem o canto nativista de um sabiá (daí o título), bicho de estimação da filha mais nova. A história gira em torno de Elvídio, que passara boa parte da vida na França, e Nair, a dona do sabiá.

No primeiro ato da comédia fica estabelecido o antagonismo que se resolverá ao longo do texto:

ELVÍDIO – Só pode gostar disto quem não conhece a Europa com toda a sua requintada civilização[17].

Ao que, poucas falas adiante, Nair retrucará:

NAIR – Pois era bem melhor que o senhor não voltasse mais! Brasileiros como o senhor, que têm prazer em falar mal de sua terra, achando que lá fora tudo é melhor, podiam ir embora de uma vez, que nenhuma falta fazem[18].

Nota-se, portanto, que a questão nacionalista é tratada tanto pela tematização do país como valor absoluto, quanto pela confrontação direta entre personagens que discutem os valores nacionais de forma relativa, e pode-se observar aí, com cada vez maiores freqüência e veemência, o posicionamento favorável ao "produto" brasileiro na comparação com a ânsia de sofisticação à européia.

A par da certeza da necessidade de valorização da nação como um todo, a questão nacionalista traz em seu bojo, todavia, uma ambi-

16. V. Corrêa, 1919, A. I, c. IX.
17. G. Tojeiro, 1973, p. 24.
18. *Idem*, p. 29.

Procópio Ferreira ao centro – e outros atores não identificados em *Onde Canta o Sabiá*, de Gastão Tojeiro – Teatro Trianon, RJ, 1921. Arquivo: Cedoc – Funarte.

Cena de *Onde Canta o Sabiá* (1921), em remontagem de 1959.

güidade que vai se refletir no "espelho" dramatúrgico: a polarização, aparentemente incontornável, entre a visão estabelecida que se tinha do Brasil como um país associado de forma inarredável à tradição agrária e o anseio por um país moderno, cujo processo de industrialização se avolumava, impondo novos padrões de comportamento e relacionamento social.

CAMPO *VERSUS* CIDADE: QUAL BRASIL?

A dicotomia entre a vida campestre e a da metrópole, presente em boa parte da literatura ocidental, aparece de variadas formas na dramaturgia brasileira. Poder-se-ia dizer que transparece, ao longo de quase um século, a alteração de um ponto de vista que, da admiração inquestionável à capital da Corte (a partir da década de 40 do século XIX, com as comédias de Martins Pena), vai-se transformando até alcançar uma postura quase oposta apresentada nos anos 20 do século XX.

Para as personagens de Martins Pena, o Rio de Janeiro, referência de civilidade, é o encanto, o *circo de cavalinhos*, para onde todos querem retornar ou fugir. Praticamente não há criticas às maravilhas da cidade grande, no início do reinado de Pedro II.

Já França Júnior, cujas peças estarão em cena a partir de 1861, não demonstra para com a capital tanta admiração, nem complacência. Tanto as falcatruas eleitoreiras quanto a instabilidade política do final do Império são satirizadas em obras suas, tais como *Caiu o Ministério* (1882) ou *Como se Fazia um Deputado* (1882). Em seus *Tipos da Atualidade* (1879), cujos ecos certamente reverberam no enredo da citada *Quebranto*, o Barão da Cutia, um senhor interiorano, já se escandaliza com a sociedade citadina e seu comportamento amoral.

No período aqui abordado, inúmeros textos apontarão o confronto entre os dois "Brasis", traduzindo este que era um dos maiores impasses diante do qual se encontrava a sociedade brasileira da época como um todo: o da afirmação de nossa identidade. A persistente presença das referências às tradições do país e, principalmente, à sua população interiorana como objeto a ser valorizado, denota a dificuldade de absorção das mudanças que, obviamente, se avizinhavam e, como toda mudança, assustavam o grosso da população.

De 1897 é *A Capital Federal*, comédia de Artur Azevedo freqüentemente reapresentada por todo o período da Primeira República, cuja personagem principal é a própria cidade do Rio de Janeiro, e os transtornos causados numa família interiorana por seus habitantes e costumes.

Inicialmente apenas o enredo paralelo às cenas da revista de ano *O Tribofe* (1891), *A Capital Federal* apresenta-se com a mesma rapidez de imagens da revista e a ação decorre em diversos ambientes típicos da capital à época: um grande hotel (estamos todos, sempre, de passagem...), as ruas com seus bondes que passam a toda hora, a casa da "espanhola" de moral duvidosa, o "belódromo", local onde, segundo Quinota "há muita liberdade e pouco escrúpulo... [e] faz-se a ostentação do vício"[19].

Vindo ao Rio de Janeiro para encontrar Gouveia, um *bilontra* que havia pedido a filha Quinota em casamento e desaparecera "para tratar dos papéis", a família vê seus membros perdendo-se pouco a pouco, levados pelos encantos da capital: a empregada Benvinda, que segue o carioca Figueiredo para ser "lançada" no *demi-monde*; o pai, Eusébio, que, a pretexto de encontrar o futuro genro, acaba entregando-se aos caprichos da espanhola Lola; e o filho, apaixonado pela novidade das bicicletas, de cujo *belódromo* não se afasta.

Já aqui, como mais tarde em *Nossa Gente*, as únicas personagens que permanecem imunes aos delírios da capital são a mãe, Fortunata, e sua filha, Quinota. As duas, em peregrinação por esta "sociedade mal constituída", conseguem reunir a família, à qual se junta o desaparecido Gouveia, e todos, enfim, voltam para a fazenda com a perspectiva de realizar os casamentos de Quinota e Benvinda.

Ainda que de caráter bastante duvidoso, os tipos cariocas são, todavia, tratados com simpatia pelo autor. São personagens malandros, que surrupiam-se entre si (o cocheiro-mordomo-amante da espanhola acaba fugindo com todas as jóias e *contos-de-réis* que ela conseguira "angariar" dos admiradores), mas que não atingem o grau de degeneração que mais tarde será delineado, por exemplo, em *Quebranto* (1908) ou *Nossa Gente* (1920).

A esse respeito, vale lembrar o comentário de Wilson Martins a propósito do texto:

> A família de matutos mineiros que vem à nova Babilônia em busca do sedutor da sua filha deslumbra-se a princípio com o hotel ultra moderno e as maravilhas da vida urbana, tudo resumido nas exclamações de Eusébio, ao final do I ato, entusiasmado pela beleza do panorama ao cruzar de bonde elétrico os arcos da Carioca. "Oh! A capitá federá! A capitá federá!..." Pouco demora, entretanto, para que descubram o mundo de sórdida corrupção que fervilha sob essas aparências cintilantes: o jogo e a prostituição, a desonestidade e o vício, a falta dos princípios morais mais elementares, a insinceridade, a exploração, a carestia de vida, o crime. Não admira que sob a forma saltitante e despreocupada da opereta (com música de Nicolino Milano, Assis Pacheco e Luís Moreira), a peça se defina como a versão brasileira e teatral de *A Cidade e as Serras* (com quatro anos de antecipação), recuperado o Gouveia para casar-se com a Quinota, castigados os maus e recompensados os bons, tudo terminando, no quadro XII do terceiro ato, por uma "apoteose à vida rural".
>
> [...] É claro que o tema de Pigmalião vem, pelo menos, das *Metamorfoses*, de Ovídio, e que a sua versão mais conhecida é a peça de Bernard Shaw, em 1912; isso não diminui em nada a satisfação de registrar o tratamento original e *brasileiro* que lhe

---

19. A. Azevedo, 1987, p. 405.

deu Artur Azevedo em 1897, com o tipo que se especializava em "lançar" mulatas no ávido mercado fescenino do Rio de Janeiro. A incivilizável Benvinda não tinha, por certo, a matéria-prima indispensável para a metamorfose, mas, por isso mesmo, são tanto mais garantidos os efeitos cômicos que Artur Azevedo tira das situações. "Ó revoá!", diz ela em resposta às instruções do amante, adotando em seguida a expressão como fórmula geral de cumprimento, o que, no fundo, não é muito diferente do gerente do hotel que afirmava não haver tradução em português para a palavra *chasseur* quando empregada para designar os auxiliares da portaria. [...]

A atualidade da peça era assegurada por alusões a dificuldades do momento, seja a raridade de casas desocupadas, com os conseqüentes aluguéis astronômicos e toda sorte de abusos por parte dos proprietários, seja as modas literárias, como a poesia "decadente", que Artur Azevedo satiriza em pauta offenbachiana[20].

Na mesma linha estréia, em 22 de dezembro de 1916 no teatro Boa Vista, em São Paulo, um dos maiores sucessos de crítica e de público da época: *Flores de Sombra*, de Cláudio de Souza. O enredo de *Flores de Sombra* trata também do confronto entre os valores tradicionais e a "modernidade" dos costumes representada pelos citadinos. Sua ação, porém, se passa em uma fazenda paulista, para onde está regressando, depois de anos de estudo na cidade, Henrique, o filho único de Dona Cristina.

A dona da casa manda preparar para o filho o quarto, as louças e as comidas preferidas de sua infância. O rapaz, entretanto, enamorado de Cecília, moça da cidade que convidara para conhecer a fazenda, é convencido por Oswaldo, francófilo e doidivanas, a trocar todos os móveis de sua família por outros mais modernos, de modo a melhor impressionar a futura noiva. Até o respeitável retrato de seu pai, que enfeitava a sala, é trocado por um nu artístico que choca a recatada mãe de família.

A confrontação da civilidade de Cecília com os tradicionais valores do campo revela-se lamentável para a primeira. O compromisso é desfeito e Henrique volta-se para as "flores" do campo (sua mãe e uma namorada de infância), que ali recolhidamente o esperavam e enfeitarão sua futura vida de fazendeiro.

Como último exemplo desse nacionalismo presente na dramaturgia da época poderíamos citar *Nossa Gente* (Trianon, 19 de julho de 1920), que mais uma vez narra as dificuldades enfrentadas por uma família interiorana em sua convivência com a (novamente) corrompida e afrancesada sociedade carioca.

Nessa comédia, cujo enredo lembra bastante o de *A Capital Federal*, a família do interior formada por Anna, Mamede e dois filhos também se esfacela temporariamente, com as fugas de Mamede (com a "vizinha interesseira") e do filho (com "uma mulatinha da esquina") para, tal e qual no texto de Artur Azevedo, reunir-se ao final com a

---

20. W. Martins, 1996, vol. 5, pp. 1-2.

volta dos fujões, arrependidos de seus desvarios. *Nossa Gente* não tem, entretanto, o ritmo quase *revisteiro* e bem-humorado do texto anterior. Passando-se inteiramente na casa da família de Suzana, sobrinha de Anna, a comédia traça um retrato muito mais impiedoso das personagens cariocas no confronto com os campesinos.

A peça constitui-se em dois núcleos básicos: a família do campo (tradicional) e o grupo da cidade (cosmopolita). O confronto que se desenvolverá durante a comédia é direto e apresentado no início do texto, quando o lado *chic*, através do personagem Gonzaga, manifesta-se declarando que "Evidentemente um homem educado não pode viver no Brasil" (A. I, c. I)[21]. Essa afirmação choca o núcleo liderado por Anna, do qual faz parte John, um inglês, de quem partirá o primeiro comentário a propósito do disparatado comportamento nacional: "Brasileira não conhece sua paiz! Brasileira não faz caso de Brasil..."[22].

A reação de Anna acontecerá após a observação dos costumes que a cercam, num comentário feito ao marido:

ANNA – Então é hábito falar mal da terra da gente? Aqui tudo parece estrangeiro. [...] Então o Brasil não vale nada, Mamede? Aqui só vejo uma pessoa que ama o Brasil, só uma. É o inglês. Tudo no Brasil para ele é *muita estupenda*. (A. II, c. VIII)[23]

Depois de configurar-se a efetiva ameaça à integridade de sua família, porém, é bem mais dura a crítica que a matriarca estende a todas as outras personagens:

ANNA – Vá alguém no meu sertão dizer que Brasil não presta. Leva um tiro na boca. Aqui são vocês mesmos que não têm cerimônia de dizer que ele não vale nada. E como ele será grande, se vocês não o querem bem? Qual foi a terra que já cresceu sem o amor de seus filhos? Por que esse Paris, tão falado, é grande? Porque o francês sabe amar a França. (A. II, c. XXIII)[24]

A semelhança de *Nossa Gente* com *A Capital Federal* explica-se pela similaridade das situações expostas em ambas as peças. Tanto numa quanto noutra o perfil dos personagens do interior é desenhado pelos autores com ênfase na ingenuidade e honradez, às voltas com a corrupção de costumes dos tipos da cidade grande. A leitura que se faz delas, todavia, pode não ser a mesma. Textualmente, a fala final de Eusébio sugere que o "verdadeiro" Brasil está no campo. Para Wilson Martins, entretanto,

---

21. V. Corrêa, 1920, p. 12.
22. *Idem*, p. 41.
23. *Idem*, p. 75.
24. *Idem*, p. 103.

É curioso assinalar que, contrariamente à sua tese implícita e à moralidade expressa no último quadro, a comédia musical de Artur Azevedo consagrava não apenas a ficção republicana da "Capital Federal" contra a antiga metáfora monarquista da "Corte", como, ainda, confirmava o sentido urbano da nova realidade brasileira contra o sentido rural de suas tradições[25].

E aí se estabelece entre ambas uma abissal diferença: se a conclusão de *A Capital Federal* permite interpretações diversas, a crítica à "moderninade" inserida em *Nossa Gente* não deixa margem a dúvidas. Pela fala de Alberto, o dono da casa, demonstra-se o resultado final do confronto:

> ALBERTO – Só agora reconheci, pela bondade e pela singeleza dessa gente que o verdadeiro Brasil é lá. Nós aqui nem temos expressão própria. Vivemos a macaquear o que é dos outros, dentro do artifício, a fingir o que não sentimos... (A. III, c. XIX)[26]

Conforme se pode observar, portanto, ao defrontar-se a sociedade da Primeira República com a opção entre o Brasil do passado e suas perspectivas futuras, a escolha recaía, quase unanimemente, na idéia de país já estabelecida.

Essa escolha encontra explicações sobretudo na nova conjuntura econômica que aqui se fundava: a constante defesa do Brasil agrário, em detrimento da transformação em país moderno que se avizinhava, pode ser compreendida como temor perante as mudanças ocasionadas pela industrialização, cujas conseqüências eram, de certa forma, imprevisíveis.

Tais transformações, entretanto, demonstravam ser inadiáveis. O início da Primeira Guerra Mundial, provocando a interrupção do fornecimento de manufaturados europeus para o Brasil, obriga-nos, na prática, a deslanchar um processo industrial que até então avançava a passos relativamente lentos. Os meios de produção de massa evidentemente modificam, em sua estrutura, o sistema de troca comercial e as relações de mercado. Com a ainda arraigada tradição familiar na política e nos negócios, a sociedade vê esvair-se a ingenuidade, ou melhor, o primitivismo até aí existente nas trocas de serviços e que dará lugar aos movimentos operários (como por exemplo a greve geral de 1917, em São Paulo), para os quais não está preparada e contra os quais tenta opor os valores e costumes da tradição agrária qualificando-os como "brasileiros".

Diante da necessidade de afirmar a si própria a importância da "nacionalidade" brasileira e na impossibilidade de poder fazê-lo já, a partir da pujança industrial, a sociedade se volta para o campo onde,

---

25. W. Martins, 1996, vol. 5, p. 2.
26. V. Corrêa, 1920, p. 140.

até então, supunha-se estarem os pilares, não só econômicos, mas familiares do país.

Sendo assim, por medo das possíveis conseqüências do "salto" para um outro Brasil e sem conseguir, ainda, estabelecer onde se encontra a tão buscada *brasilidade*, a sociedade, pelo que se observa de acordo com a dramaturgia da época, opta por mantê-la (ao menos por ora) dentro do bastião que havia sustentado o país durante todo o Império e que ainda continuará a mantê-lo neste início de República: a estrutura agropastoril.

AS TENTATIVAS OFICIAIS

A cruzada pelo estabelecimento de um "teatro" nacional aparece em inúmeros textos e comentários jornalísticos publicados desde a estréia de Martins Pena. Em meados do século XIX, Machado de Assis e José de Alencar, entre outros, reclamam contra a falta de estímulo ao desenvolvimento da dramaturgia brasileira. Para estes escritores, o que avivaria a produção dramatúrgica nacional seria, mais que qualquer outro fator, o subsídio governamental, traduzido pelo estabelecimento de subvenções a companhias permanentes, pela criação de uma escola de arte e pela construção de teatros públicos.

Em 1866, a *Revista Dramática* registra a opinião de Machado de Assis a propósito das responsabilidades a serem assumidas pelo Governo Imperial:

> Para que a literatura e a arte dramática possam renovar-se, com garantias de futuro, torna-se indispensável a criação de um teatro normal. [...] A iniciativa desta medida só pode partir dos poderes do Estado; o Estado, que sustenta uma academia de pintura, escultura e estatuária, não achará razão plausível para eximir-se de criar uma academia dramática, uma cena-escola, onde as musas achem terreno digno delas, e que possa servir para a reforma necessária no gosto público[27].

O Governo Imperial já criara e garantia o funcionamento do *Conservatório Dramático*, espécie de corpo censório responsável pela manutenção da "decência" dos textos dramáticos e que avaliava, também, o mérito literário das obras a serem representadas em nossos teatros. Para o analista letrado, entretanto, esta tutela parecia ser ainda insuficiente: nossa platéia popular, habituada "nos *boulevards*", precisava ser educada, ser "elevada", de modo a poder apreciar o que a elite intelectual considerava como grande dramaturgia.

Para os observadores da época, portanto, o estabelecimento de um "teatro normal" passaria necessariamente pela iniciativa do Esta-

27. M. Assis, 1955, pp. 190-191.

do, sendo sua finalidade principal "a reforma necessária no gosto público". Esse ponto de vista, tanto quanto o de que a manutenção consistente e contínua da arte dramática estava "a cargo da entidade moral do governo"[28], vai permear todos os movimentos pela instalação de companhias permanentes de repertório nacional as quais contaram efetivamente, em diversas circunstâncias, com o aporte de subsídios oficiais.

No período aqui estudado, uma das mais bem-sucedidas tentativas oficiais de demonstração do talento dramatúrgico nacional dá-se em 1908, num evento de amplas proporções que não apenas põe em destaque a produção artística brasileira, mas também objetiva evidenciar todas as transformações ocorridas no país nos vinte anos de República que lhe foram anteriores.

A virada do século encontra a sociedade ocidental bastante entusiasmada com suas conquistas artísticas, científicas e, principalmente, técnicas. Em razão disso, diferentes eventos são organizados nos países europeus com a intenção de demonstrar esses avanços tecnológicos, entre eles, a exposição francesa de 1889 (comemorando o centenário da Queda da Bastilha) cuja maior atração fora a imensa torre metálica projetada pelo engenheiro Gustave Eiffel, ainda hoje um dos maiores monumentos da França.

No embalo das primeiras transformações técnicas e econômicas estimuladas pela administração republicana, o Governo Federal brasileiro decide, em comemoração aos cem anos de abertura de nossos portos às nações estrangeiras (determinada por d. João VI em 1808), realizar também no Brasil uma mostra do desenvolvimento alcançado pelo país até o ano de 1908. É a *Exposição Nacional*.

Nos moldes das mostras que a precederam, a exposição da Praia Vermelha compunha-se de um conjunto de pavilhões onde eram apresentadas as conquistas brasileiras na área da indústria e da tecnologia. Convidado para participar de sua organização, Artur Azevedo solicita e consegue dos expositores a construção de um teatro para, junto aos triunfos científicos, serem apresentadas peças demonstrativas do desenvolvimento brasileiro na área da dramaturgia.

Foi erguido então, no local da exposição, o Teatro João Caetano, para o qual Azevedo programou a exibição de peças representativas de nossa dramaturgia desde a inauguração do teatro dito nacional. De *O Noviço* (1845), de Martins Pena, à *Sonata ao Luar* (1908), de Goulart de Andrade, foram encenados diversos textos de diferentes estilos e gêneros, cujo conjunto era de fato um apanhado de tudo o que fora experimentado (com ou sem sucesso) nos palcos brasileiros até aquele momento.

28. *Idem, ibidem.*

De acordo com o depoimento do crítico Mário Nunes, as peças levadas à cena na mostra organizada por Azevedo foram as seguintes: *Quebranto* (Coelho Neto); *Sonata ao Luar* (Goulart de Andrade); *A Herança* (Júlia Lopes de Almeida); *As Doutoras* (França Júnior); *O Noviço* (Martins Pena); *Romance de uma Moça Rica* (Pinheiro Guimarães); *O Defunto* (Filinto de Almeida); *Não Consultes Médico* (Machado de Assis); *Os Irmãos das Almas* (Martins Pena); *Vida e Morte* (Artur Azevedo); *Duelo no Leme* (José Piza); *O Dote* (Artur Azevedo); *A Nuvem* (Coelho Neto); *Eterno Romance* (Agenor de Carvolina); *Carta Anônima* (Figueiredo Coimbra) e *Desencanto* (Carmen Dolores)[29].

Na seleção dos textos percebe-se a preocupação do organizador em criar, com sua mostra, um verdadeiro painel das artes dramáticas brasileiras. Para uma melhor apreciação da importância desse evento no panorama cultural da época, vejamos o comentário do dramaturgo Oscar Lopes, presente aos acontecimentos:

> Antes de positivar o grande e puro desejo de sua vida – a fundação do teatro nacional no Brasil – Artur se vale do ensejo que lhe oferece o certâmen para fazer passar aos olhos do público a evolução cronológica da dramaturgia nacional. Revivia desse modo os esforços de velhas gerações, apresentava a obra dos contemporâneos e iniciava os novos autores nos mistérios da ribalta. E ao mesmo tempo e do mesmo golpe demonstrava aos administradores do seu país que o patrimônio mental de um grande povo, abundantemente se enriquecendo de novas produções, pedia um pouco mais de atenção, um pouco mais de carinho, um pouco mais de zelo, pois que nem só de lavoura e indústria devia a nacionalidade se contentar.
>
> Deu-se, com essa prova, um balanço do que possuíamos. À população desta capital, acrescida por alguns milhares de forasteiros, foi desse modo oferecida uma vista retrospectiva do que tínhamos feito em literatura nacional.
>
> Autores olvidados nos nossos tempos foram reerguidos do esquecimento pelas suas obras mais características, que reviveram sobre esse palco de tão curta vida. Nomes triunfantes na ocasião não se furtaram a fazer companhia aos camaradas idos. E outros ainda, foi nesse instante que receberam o emocionante batismo das estréias.
>
> A lista ia aumentando: D. Júlia Lopes de Almeida, Goulart de Andrade, José Piza...
>
> Continuava galhardamente a conquista do terreno ingrato. Positivava-se a miragem[30].

Artur Azevedo morre pouco depois de organizar a exposição e sua ausência cria um vazio nas hostes dos batalhadores da arte dramática. O revistógrafo não chega a assistir à inauguração, em 1909, do Teatro Municipal, pelo qual sempre se batera.

A construção do Teatro Municipal, na verdade, não atende aos anseios da classe teatral pois o teatro, inspirado no *Opera* francês, era claramente voltado para as grandiosas apresentações operísticas. Ainda

---

29. M. Nunes, 1956, pp. 26-27.
30. O. Lopes, 1920, p. 42.

assim, ao que se sabe, em 1910, 1912 e 1913 foram organizadas temporadas coletivas, subvencionadas, com o objetivo de iniciar o movimento teatral no palco do teatro oficial. Para que fossem representadas as melhores peças da produção nacional, os textos candidatos à exibição eram julgados por uma comissão da Academia Brasileira de Letras que selecionava aqueles a serem levados à cena.

Em 1910 foram encenadas, entre outras, *O Raio N*, de Silva Nunes; *Impunes*, de Oscar Lopes; *Ao Declinar do Dia*, de Roberto Gomes; *O Último Beijo*, de Ari Fialho e *Nó Cego*, do português João Luso.

Em 1912 foi organizada uma companhia exclusivamente brasileira para ocupar o Municipal. Assim descreve o evento Mário Nunes:

> A primeira companhia brasileira que ocupou o Municipal, pretendendo restituí-lo à sua finalidade, foi organizada por Eduardo Vitorino, aceitando o prefeito Bento Ribeiro a proposta, cedendo à cerrada campanha de imprensa. Foi em 1912. O elenco, escolhido entre o que de melhor possuía a cena nacional.
> [...]
> Foram representadas, com maior ou menor agrado, *Quem não Perdoa*, de Júlia Lopes de Almeida; *Canto sem Palavras*, de Roberto Gomes; *A Bela Madame Vargas*, de Paulo Barreto; *O Dinheiro*, de Coelho Neto; *Sacrifício*, de Carlos Góes e *Flor Obscura*, de Lima Campos.
> O resultado pecuniário foi nulo, houve prejuízo. O grande público não compareceu, os mármores e bronzes dourados o assustavam... A elite que encheu o teatro, alvissareira na *soirée* inaugural, só suportando espetáculos em línguas que entendia pela metade, foi minguando de peça para peça[31].

Insistindo na empreitada, o mesmo Eduardo Vitorino organiza nova companhia para apresentações no Municipal, no princípio do ano de 1913. A segunda temporada nacional inicia-se em 15 de fevereiro deste ano, tendo sido as seguintes as peças selecionadas para representação: *Sem Vontade*, de Batista Coelho; *A Farsa*, de Artur Pinto da Rocha; *La Petite Madame Dubois*, de Paul Gavault e Jean Lehaix, tradução de J. Brito; *Flor Obscura*, de Lima Campos; *O Álcool*, de Marques Pinheiro; *Influência Atávica*, de Julião Machado; *Cabotinos*, de Oscar Lopes; *Outrora e Hoje*, de Joaquim Lacerda e *Juju*, de Henry Bernstein. Segundo o comentário de Mário Nunes, também esta segunda temporada não alcança o êxito almejado:

> Terminou aí, melancolicamente, a segunda tentativa de fundar o teatro brasileiro de declamação de Eduardo Vitorino, que sempre sonhou mais com a glória do que com proventos materiais. Dou, neste relato, relevo especial ao empreendimento pela sua magnitude face às realidades ambientes, pela seriedade de propósitos e pelo êxito da demonstração levada a efeito.
> Se não cresceu e frondejou, é que, a não ser para companhias estrangeiras, não havia público ainda. Ninguém acreditava em teatro nosso: o único, apreciado e aplaudido era o tro-lo-ló[32].

---

31. M. Nunes, 1956, p. 45.
32. *Idem*, p. 48.

Sem discordar da afirmação do crítico sobre a dificuldade de conquista da platéia, ocorre-nos uma outra dificuldade enfrentada pelas apresentações aqui realizadas: havia uma enorme desproporção entre as dimensões do Teatro Municipal do Rio de Janeiro e o tipo de peças que em seu palco se fizeram representar. As peças encenadas (cujos textos conseguiu-se encontrar) são, em sua maior parte, dramas intimistas cuja encenação possivelmente perder-se-ia se consideradas suas necessidades cênicas em relação ao palco e à platéia desse teatro. Para os diálogos intensos de *Impunes*, *Ao Declinar do Dia*, *Quem não Perdoa*, *O Dinheiro*, *Canto sem Palavras* ou *Flor Obscura*, por exemplo, é-nos difícil imaginar o tom declamatório necessário à boa audição de uma platéia daquele porte, sem tornar a representação por demais falseada.

Para a encenação de *A Bela Madame Vargas* e do *Canto sem Palavras* (entre as mais elogiadas), certamente ajudaram bastante as próprias necessidades cenográficas de ambas as peças – na primeira, o ambiente de um salão *chic*, entre festas de sociedade; na segunda, mudanças de cenários e utilização de diversos figurantes para a cena de exterior. Mas, pelo que se pode depreender a partir da própria leitura dos textos ou, novamente, do comentário atento de Mário Nunes, o único drama cuja montagem adequava-se às dimensões do grandioso Teatro Municipal foi *Cabotinos*, de Oscar Lopes:

> A quinta récita, a 13 de abril (de 1913), assinalou "etapa gloriosa do Teatro Municipal". *Cabotinos*, de Oscar Lopes, valeu por um sopro de energia, de vitalidade, entusiasmando o público e a crítica. A imprensa clamou que era chegado o momento, diante da prova feita, de lançar as bases definitivas da cena nacional.
> Proclamaram-se a beleza da peça, a técnica admirável, a dialogação concisa, rápida, cintilante, o desempenho a primor, a encenação de rara propriedade[33].

Com um texto consistente, num teatro apropriado, e contando com uma encenação cuidadosa, Oscar Lopes conquistou os aplausos entusiastas de público e crítica. Observando à distância, percebe-se que *Cabotinos*, na verdade, *cabia* nas proporções avantajadas do principal palco carioca. O drama de Oscar Lopes fala de atores, da arte da declamação. Seu terceiro ato, inclusive, é ambientado nos bastidores de um grande teatro, de onde se ouve os aplausos do público. Se pela simples leitura da peça podemos concluir que foi a única a preencher os vastos espaços do Municipal, não deixa de ser curiosa a observação de que, também para seus contemporâneos, este drama foi o mais elogiado espetáculo entre os apresentados.

Em 1914, com a eclosão da Grande Guerra e conseqüente interrupção das excursões de companhias estrangeiras, diversos teatros

---

33. M. Nunes, 1956, p. 47.

passam a abrir seus palcos para apresentações de companhias nacionais de drama e comédia tornando, a princípio, desnecessárias as intervenções oficiais subvencionadas. O surgimento de novos autores dramáticos e comediógrafos, tais como Cláudio de Souza, Gastão Tojeiro, Abadie Faria Rosa, Renato e Oduvaldo Viana, José Oiticica, Viriato Corrêa ou Armando Gonzaga, por exemplo, dá-se de maneira espontânea, sem amparo oficial, e suas peças são encenadas e reapresentadas em diversos teatros particulares da cidade, como o Trianon, o Palace ou o Fênix. Se entre 1906 e 1913 os mais importantes eventos teatrais criados para encenação de dramas e comédias nacionais de que se tem notícia deram-se por meio do impulso oficial, o mesmo não continua a acontecer no período que se segue. Conforme foi já dito, os caminhos do teatro declamado estavam sendo escritos lentamente, porém de modo firme e inexorável.

A propósito do movimento dramatúrgico que lhe era contemporâneo e das experiências oficiais de "estabelecimento da cena nacional" registramos a opinião do dramaturgo Oscar Lopes, para quem

> Nada se perdeu dessas intenções porque, embora assinaladas por freqüentes pausas, se foi acrescentando, entre rápidas noites de glória e longos meses de desânimo, aquilo que é essencial ao teatro de um povo e que vale pelos seus fundamentos, isto é, a sua própria literatura. [...]
> Nós aspiramos a alguma coisa que não se limita na estreiteza das vidas humanas, alguma coisa que está para além de nós mesmos. Pelos nossos sacrifícios, pelo nosso labor sem pausa, pelo nosso desinteresse, pela pureza de nossas intenções, pelo desprendimento dos possíveis triunfos de cada um, tudo quanto gastamos em energia em favor do teatro brasileiro redunda, não em satisfações de momento, mas em agregar parcelas indispensáveis para a formação de uma existência nacional[34].

Sem duvidar por um momento das ótimas intenções de todas as "tentativas" citadas, é fundamental lembrar, todavia, que para os intelectuais em questão, o "grande teatro" brasileiro, que carecia de subsídios, subvenções e todo tipo de estímulos oficiais para sua manutenção, era calcado numa dramaturgia cujos padrões elitistas deixavam, como diria Machado de Assis, "de ser uma reprodução da vida social na esfera de sua localidade" para se revelarem um "ventre sem entranhas próprias", em que não se encontrava "o estudo do povo, [...] o cunho nacional", e sim "uma galeria bastarda"[35]. Ou seja, esta dramaturgia "oficial", para a qual o povo virava as costas, passava, por sua vez, ao largo da realidade popular, confirmando o distanciamento entre o mito urbano erudito e o real camponês e/ou suburbano que formava o grosso de nossa população.

34. O. Lopes, 1920, p. 45.
35. M. Assis, 1955, pp. 17-19.

3. Entreato: O Olhar da Crítica

Antes de adentrar o escorregadio terreno da visão da "crítica especializada"[1] a propósito da produção teatral brasileira, far-se-á uma breve reflexão sobre a relação entre as manifestações teatrais e a sociedade desde seus primórdios, e o momento em que se cristaliza a noção de uma cultura elitista, eminentemente oposta àquela que se convenciona chamar, então, de popular.

Ao longo dos tempos, numa repetição cíclica, a representação teatral das sociedades ocidentais passou por períodos em que se patenteou uma comunhão entre os diferentes estratos sociais e outros em que se vislumbrava a dissociação entre estes grupos. Nas ocasiões em que o *drama* constituiu-se numa comunhão de princípios e idéias, falando de anseios e desejos das populações que o cercavam como um todo, ele foi, eventualmente, considerado símbolo de toda uma era. Entretanto, nos momentos em que o teatro representou tão-somente os ideais e/ou prin-

---

1. Seria conveniente lembrar que nossa crônica teatral não contou com o que se poderia chamar de "crítica especializada". Todos os analistas de nosso teatro, até tempos muito recentes, eram intelectuais das mais variadas procedências (advogados, literatos, lingüistas), interessados na arte dramática e cuja formação erudita, baseada sobretudo no conhecimento da literatura e dramaturgia européias, fornecia-lhes ferramental para, por meio de estudos individuais e da prática cotidiana, expor eventuais proposições estéticas e/ou avaliações sobre forma e conteúdo dos espetáculos. Esta é, certamente, uma das razões pelas quais nossa "crítica" quase nunca se tenha posicionado de maneira autônoma, tendo sido exercida sempre em termos comparativos com o que se supunha estar mais em consonância com os parâmetros do teatro internacional.

cípios estéticos de um dos segmentos da comunidade a que pertencia, ele sempre perdeu o caráter emblemático. Nestes momentos, evidenciou-se a existência de uma dicotomia entre um tipo de cultura, que se pretende superior, e outra, que se reconhece popular.

Alguns exemplos podem ser tirados da história da arte dramática no Ocidente, o primeiro deles do teatro grego, um dos maiores símbolos do ápice da cultura helênica. Na Atenas do século V a. C., berço do teatro ocidental, as lendas e os mitos aos quais se referia a tragédia grega de Ésquilo e Sófocles diziam respeito à história ancestral dos atenienses em geral, assim como os reveses político-sociais aos quais remetia a comédia aristofanesca diziam respeito à contemporaneidade de toda a comunidade ateniense, e desse modo eram vistos pelos espectadores.

Com o declínio daquela civilização, no século IV a. C., instauraram-se as bases da dicotomia anteriormente citada, entre um saber "filosófico", elitista, e os saberes que esta mesma elite denominará "populares". Será exatamente esta a diferenciação que refluirá ao longo da história cultural do Ocidente, entre o platonismo socrático e as artes populares de imitação. Segundo Friedrich Nietzsche, para Sócrates a arte trágica "se dirigia àquele que não tem muito entendimento, portanto não aos filósofos: daí um motivo para manter-se dela afastado"[2].

Na Roma antiga, herdeira imediata da cultura helênica, esta dicotomia será manifesta, com uma nítida diferenciação ao longo daquela civilização, entre o gosto elitista dos "ouvintes" de Sêneca, e posteriormente Terêncio, e a ruidosa platéia das comédias de Plauto.

O teatro de William Shakespeare, encarado atualmente como o símbolo de toda a era elisabetana, foi, a seu tempo, visto e aplaudido por toda a sociedade inglesa, assim como ocorreu com as comédias de Molière, apreciadas pelos diferentes segmentos da sociedade francesa.

Por razões que não nos cabe discutir neste estudo, a partir de meados do século XVI, entretanto, assistir-se-á a uma cristalização da segregação cultural entre os diferentes estratos sociais e desde então, com raríssimas exceções, o teatro não será mais, em nenhuma sociedade ocidental, a representação de toda uma comunidade. Observa-se, por exemplo, que, na Inglaterra,

> No início do século XVII, os teatros públicos, onde Shakespeare fora encenado igualmente para nobres e aprendizes, não eram mais suficientemente bons para as classes superiores, e montaram-se teatros particulares, onde uma cadeira custava seis *pence*[3],

o que vai acontecer também na França, na qual "a retirada de Luís XIV de Paris para Versailles ajuda a aumentar o fosso entre a cultura cortesã

---

2. F. Nietzsche, 1990, p. 87.
3. P. Burke, 1989, p. 298.

e a cultura popular; ao contrário de seu pai, Luís não assistia a festas populares em Paris, como as fogueiras da noite de são João", e mesmo os comediantes italianos, fonte da dramaturgia cômica de Molière, "outrora populares na corte, agora pareciam indignos demais para olhos e ouvidos cultos"[4], sendo relegados exclusivamente às feiras.

Pode-se, portanto, estabelecer o século XVII como o momento em que se cristaliza a diferenciação iniciada pelo platonismo socrático, não mais apenas a partir da origem, do nascimento, mas do tipo de formação intelectual baseada no conhecimento específico da literatura e filosofia greco-latinas – conhecimento este denominado "erudito" ou "clássico", que se torna privilégio de alguns, contrapondo-se ao saber comunal, descrito como "popular".

É exatamente esta relação dicotômica entre a formação "clássica" dos intelectuais brasileiros e a dramaturgia de cunho popular que aqui será preferencialmente produzida que se manifestará em seu posicionamento "crítico" ante as manifestações dramáticas nacionais ao longo de toda a história de nosso teatro. Por esta razão primeva não se encontra, em nenhum momento da história cultural brasileira anterior à década de 40 do século XX, um ponto de convergência entre a apreciação dos intelectuais sobre a "arte dramática" e o teatro que lhes era contemporâneo.

Assim, em toda a historiografia do teatro brasileiro podem ser encontrados inúmeros comentários a respeito de nossa dramaturgia, quase todos, em praticamente todos os períodos, francamente desabonadores. Em 1847, Martins Pena afirmava que

a arte dramática está adormecida entre nós, e quando às vezes desperta é para arrastar-se mesquinha e abandonada, até cair em novo torpor. Enquanto a sua rival lírica se ostenta ruidosa e cheia de orgulho, ela, mísera, aparece envergonhada e a furto entre os bastidores[5].

Seria de estranhar esta afirmação, vinda de um comediógrafo cujas peças alcançavam grande popularidade[6], se não se observasse a ressalva de que, como vimos, tanto para este autor quanto para todas as gerações subseqüentes, a utilização do termo "arte dramática" designava somente a "alta" dramaturgia, representada, ainda àquele momento, pela tragédia neoclássica, estando a comédia (e seus congêneres populares) excluída desse tipo de apreciação.

Pouco mais adiante, em 1859, Machado de Assis apontava o teatro musicado e a grande quantidade de peças estrangeiras nos teatros

4. *Idem*, p. 297.
5. M. Pena, 1965, p. 214.
6. Segundo Vilma Sant'Anna Arêas, "no correr do século, os jornais que anunciavam a programação teatral não se cansam de se referir às 'graciosas', às 'sempre aplaudidas' farsas do senhor Pena".

nacionais como causa do desânimo dos novos dramaturgos e da ausência da platéia nas representações de peças brasileiras:

> Habituaram a platéia nos *boulevards*, elas esqueceram as distâncias e gravitam em um círculo vicioso. Esqueceram-se de si mesmas; e os czares da arte lisonjeiam-lhes a ilusão com esse manjar exclusivo que deitam à mesa pública.
> Podiam dar a mão aos talentos que se grupam nos derradeiros degraus à espera de um chamado. Nada!
> As tentativas nascem pelo esforço sobre-humano de alguma inteligência onipotente – mas passam depois de assinalar um sacrifício, mais nada.
> E, de feito, não é mau este proceder. É uma mina o estrangeiro, há sempre que tomar à mão; e as inteligências não são máquinas dispostas às vontades e conveniências especulativas.
> Daqui o nascimento de uma entidade: o tradutor dramático, espécie de criado de servir que passa, de uma sala a outra, os pratos de uma cozinha estranha.
> Ainda mais essa!
> Dessa deficiência de poetas dramáticos, que coisas resultam! Que deslocamentos!
> Vejamos. Pelo lado da arte, o teatro deixa de ser uma reprodução da vida social na esfera de sua localidade. A crítica revolverá debalde o escalpelo nesse ventre sem entranhas próprias, pode ir procurar o estudo do povo em outra face; no teatro não encontrará o cunho nacional, mas uma galeria bastarda, um grupo furta-cor, uma associação de nacionalidades.
> A civilização perde assim a unidade. A arte, destinada a caminhar na vanguarda do povo – vai copiar as sociedades ultra-fronteiras.
> Tarefa estéril! [...] As massas que necessitam de verdades, não as encontrarão no teatro destinado à reprodução material e improdutiva de concepções deslocadas da nossa civilização – e que trazem em si o cunho de sociedades afastadas.
> É uma grande perda; o sangue da civilização que se inocula também nas veias do povo pelo teatro, não desce a animar o corpo social: ele se levantará dificilmente embora a geração presente enxergue o contrário com seus olhos de esperança.
> Insisto pois na asserção: o teatro não existe entre nós; as exceções são esforços isolados que não atuam, como disse já, sobre a sociedade em geral. Não há um teatro nem poeta dramático[7].

Tanto Martins Pena quanto Machado de Assis são bons exemplos de comentaristas cuja formação em muito se assemelha àquela "clássica", mencionada anteriormente. Observa-se, portanto, que a opinião da elite intelectual do país a propósito da situação do teatro nacional que lhe era contemporâneo não era muito encorajadora desde período bastante anterior ao abordado neste trabalho, ou seja, que houve uma constante negação da existência ininterrupta de um teatro no qual a população via expressos seus desejos e suas vivências cotidianas ao longo de toda a nossa história teatral.

Esta situação de descompasso entre a intelectualidade formadora de opinião e o teatro brasileiro real vai perdurar após a Proclamação da República, quase que exatamente nos mesmos termos daquela observada no Império, com as buscas de "elevação" das artes cênicas

---

7. M. Assis, 1955, pp. 17-19.

nacionais por parte da intelectualidade, acabando sempre por ignorar a persistente tradição cômica popular. As opiniões de Coelho Neto, que veremos em capítulo posterior, e os comentários de Oscar Lopes (apresentados no precedente), por exemplo, em muito se assemelharão às de Pena, José de Alencar e Machado de Assis.

Como afirma Martins Pena, já em 1847 a dramaturgia nacional lidava em desvantagem com sua "rival lírica". Machado e Alencar, por sua vez, indicavam, em 1859 e 1861, a existência de um público habituado aos "espetáculos estrangeiros" e que, por isso, abdicava dos dramas nacionais.

Sendo assim, observamos que tanto o teatro musicado (apontado como o grande causador da *débâcle* teatral na Primeira República) quanto os textos estrangeiros superavam as representações da dramaturgia nacional desde os primórdios de sua criação. Isto posto, surpreende que a época tratada no presente trabalho seja, particularmente, aquela que sofrerá as mais fortes restrições por parte da crítica erudita pós-modernista.

A POSTERIDADE E O TEATRO DO IMPÉRIO E DA PRIMEIRA REPÚBLICA

Conforme se observou, desde período bastante anterior à Proclamação da República são geralmente acerbos os comentários jornalísticos publicados sobre a produção dramatúrgica brasileira. Desde Machado de Assis, passando pela maioria de seus sucessores, é constante a observação a propósito da virtual inexistência de uma dramaturgia brasileira e, por extensão, da inexistência de autores que ao teatro dedicassem seus esforços.

Instaura-se, todavia, em fins do século XIX, o mito de um passado ideal, no qual teria existido um "teatro nacional" de proporções avantajadas, e este mito recai, singularmente, naquele mesmo período no qual Machado de Assis afirmara não haver "teatro nem poeta dramático". Sendo assim, ainda que curioso, é natural que, em 1898, o próprio revistógrafo Artur Azevedo dissesse que eram os teatros particulares que faziam com que "perdurasse a memória de alguma coisa que já tivemos"; que só eles consolavam seus contemporâneos de sua "miséria atual"[8]. O mesmo Azevedo, em sua coluna *Theatros*, da revista *Kosmos*, afirmará pouco depois (1904) que "no *Mestre de Forjas* (Georges Ohnet), como na *Honra*, de Sudermann, a companhia do Recreio Dramático mostrou que no Rio de Janeiro o teatro, que muita gente supõe morto e enterrado, não passou ainda do primeiro período de agonia"[9].

---

8. *Apud* S. Magaldi, 1970, p. 152. A transcrição não contém indicação de fonte.
9. *Kosmos*, Rio de Janeiro, Ano I, n. 3, mar. 1904.

Novamente assinale-se a mesma contradição verificada em Martins Pena: o mais popular autor de uma época não consegue perceber que sua própria obra *é* o teatro de seu tempo, no mais amplo dos significados, embora utilize como prova da (a seu ver, precária) vitalidade do teatro carioca a encenação de obras francesas.

Esse mito do passado ideal diretamente relacionado ao período no qual reinava a estética realista em nosso teatro, no qual dominava, como autor brasileiro, o escritor José de Alencar (aparentemente o referencial tomado por nossos estudiosos para esta afirmação), será encampado por toda a "crítica" subseqüente com maior ou menor intensidade, apesar de, com a lucidez que lhe foi sempre peculiar, Machado de Assis tê-la negado, percebendo que "a geração presente" enxergava "o contrário com seus olhos de esperança". A "esperança" de Alencar se desvanece quase que imediatamente (em 1861, com a recusa de João Caetano em encenar seu drama *O Jesuíta*), mas o mito persiste, e é a partir dele que se manterá, em permanente comparação, a pecha de decadentismo sobre o período que lhe foi imediatamente posterior.

Entre os eruditos da atualidade tornou-se consenso estabelecer como de intenso movimento teatral o período de aparecimento do teatro realista no país. No já citado *Panorama do Teatro Brasileiro*, Sábato Magaldi informa que "as décadas que vão de 1855 a 1875 [...] se costuma apresentar como o período áureo de sua existência"[10]. Para o professor João Roberto Faria, "a representação de *Mulheres de Mármore*, de Théodore Barrière e Lambert Thiboust (em 26.10.1855), inaugurava um período de intensa vida teatral no Rio de Janeiro, marcada pelo prestígio da estética realista"[11], período este que, segundo o autor, se encerraria em torno de 1865, com o advento do teatro cômico e musicado. Mesmo o professor Décio de Almeida Prado sintomaticamente enfeixa, num volume, breve análise sobre a história de nosso teatro apenas até Alencar[12] e, posteriormente, ao retomar o assunto em sua *História Concisa do Teatro Brasileiro*, afirmará que "tragédia e drama haviam sido tragados pelas sucessivas ondas do teatro musicado"[13].

Seria o caso, nesse momento, de perguntar a nossos estudiosos: que *áureo*? Que *tragédias*? Que *dramas*?

Tais respostas se fazem necessárias pois é a partir delas que se poderia efetivamente manter os epítetos de áureo e decadente para os períodos em questão. Na seqüência da formulação das perguntas, portanto, procederemos à tentativa de encontrar as respostas adequadas,

---

10. S. Magaldi, 1970, p. 90.
11. J. R. Faria, 1993, p. XVI.
12. D. A. Prado, *Teatro de Anchieta a Alencar*, 1993.
13. D. A. Prado, 1999, p. 117.

de modo a demonstrar que as assertivas anteriores, ainda que não sejam de todo incorretas, certamente se formulam de maneira incompleta no que se refere ao teatro brasileiro como um todo.

Inicialmente, ao se buscar, no capítulo IX do *Panorama do Teatro Brasileiro*, "Idéias com Seiva Humana", uma explicação para a informação dada pelo autor a respeito do período abrangido entre 1855-1875, não se encontra a continuidade necessária, de modo a esclarecer este ponto. O mesmo livro cita, mais adiante, a escolha de "uma amadora para ser a primeira figura feminina" de um elenco como prova da "crise teatral do começo do século"[14]. Ocorre, entretanto, que o comentário em questão trata da burleta *O Mambembe*, na qual o autor, Artur Azevedo, lida justamente com a característica de improviso inerente ao tipo de companhia retratada, que se autodefine como "nômade, errante, vagabunda, organizada com todos os elementos de que um empresário *pobre* [grifo nosso] possa lançar mão num momento dado"[15]. Ora, a própria natureza da companhia, aliada à assumida pobreza do empresário, impediriam-no de contratar os serviços profissionais de uma atriz consagrada (observe-se que, em 1904, ano de estréia da peça, estão no auge de suas carreiras as atrizes Ismênia Santos e Apolônia Pinto, para citar apenas os maiores nomes). Como também esta assertiva esvazia-se no confronto com o contexto que a cerca, permitimo-nos considerar que o professor Sábato Magaldi, seu autor, assolado, como todos os estudiosos de sua geração, pela veemente crítica à arte da Primeira República (expressa de maneira contundente, ainda que inconsistente, pelos modernistas), tenha deixado passar em julgado as perspectivas de período "áureo", com a conseqüência inevitável da "decadência", sem questioná-las com maior profundidade.

As afirmações anteriores de nosso eminente estudioso são passíveis, como vimos, de questionamento. Ao longo do *Panorama...*, entretanto, Coelho Neto, o mais emblemático dos autores da Primeira República, é descrito como um "comediógrafo [que] não fica atrás nem altera a perspectiva histórica de nosso teatro"[16], inserindo-se na "tradição cômica brasileira". Sendo assim, entre um e outro ponto de vista do mesmo autor, preferimos ficar com aquele que não infere períodos áureos nem decadentes, mas, sim, aponta para a "orgânica unidade da dramaturgia brasileira"[17].

A resposta para as duas perguntas seguintes, ou seja, a que tragédias e dramas refere-se o professor Décio de Almeida Prado quando afirma que foram "tragados pelas sucessivas ondas do teatro musicado", está no excelente estudo do próprio professor Décio sobre

14. S. Magaldi, 1970, p. 152.
15. A. Azevedo, 1995, p. 284.
16. S. Magaldi, 1970, p. 165.
17. *Idem, ibidem.*

um gênio do palco brasileiro, o ator João Caetano dos Santos (1808-1863), cujo repertório consistia em tragédias, dramas e melodramas, quase todos traduções e/ou adaptações de peças européias.

Aqui se instauram problemas sobre os quais é necessário que nos detenhamos; um deles, a evidente e justificada admiração revelada por nosso grande crítico ao ator romântico, faz com que afirme, num comentário sobre a última frase atribuída a João Caetano ("Morro, e comigo morre o teatro brasileiro"), que mesmo que a frase "não seja autêntica, bem merecia que o fosse"[18]. Ou seja: para nosso estudioso, com a morte do ator, efetivamente morria o teatro brasileiro daquele período.

Acreditamos poder ousadamente supor que há, aqui, algumas incongruências. No parágrafo imediatamente anterior de seu estudo, ao informar que em 1904 as avaliações sobre o período de atuação de João Caetano sugeriam ter sido esta uma "mítica idade de ouro – a época em que se representavam *Otelo* e *Hamlet* no Brasil", o professor Décio acrescenta:

[...] É que nenhum dos seus competidores ou sucessores, nem Germano, nem Joaquim Augusto, nem Furtado Coelho, fizera mais ou melhor do que ele, nenhum, cessado o sistema de subvenções oficiais, conseguira vencer o fluxo irresistível do teatro musicado, que levara de roldão o drama e a tragédia, para alegria do público e desespero dos críticos e escritores sérios. A dramaturgia nacional, tão promissora ao surgir sob o romantismo, acabava o século em "anticlímax"[19].

É importante esclarecer que a análise detalhada do trecho em questão explica-se por estarem nele inseridos diversos tópicos discutidos neste trabalho e pela importância do pensamento do professor Décio de Almeida Prado no panorama da historiografia do teatro nacional.

Observa-se que, pouco antes de concordar com o fato de que com João Caetano "morria o teatro brasileiro", o eminente estudioso reconhece que também com ele morria "o sistema de subvenções oficiais" que, juntamente com a cessão do Teatro São Pedro de Alcântara, haviam possibilitado ao ator a escolha do repertório que melhor lhe aprouvesse, assim como certo conforto ante as incertezas da bilheteria, incertezas estas por que passaram todos os seus "competidores ou sucessores". Conclui-se, daí, que o que conseguira "vencer o fluxo irresistível do teatro musicado" fora não apenas o talento indiscutível do grande ator, mas também o seguro apoio financeiro governamental.

Em seguida, o texto informa que o teatro musicado "levara de roldão o drama e a tragédia, para alegria do público e desespero dos críticos e escritores sérios". Novas questões são pertinentes neste pon-

---

18. D. A. Prado, 1972, p. 190.
19. *Idem, ibidem.*

to. Uma delas, a de que os dramas e tragédias de que fala o autor são, em sua esmagadora maioria, adaptações de textos europeus – o que nos remete ao já citado comentário de Machado de Assis sobre a dramaturgia encenada no período; outra, a de que sua "ida" se dera "para alegria do público", o que permite supor que o interesse por tais "dramas e tragédias", no mínimo, não era consenso para a platéia da época. Enfim, o período sintático se encerra com a afirmação de que essa finalização pouco ortodoxa de nosso romantismo no teatro levara ao desespero "críticos e escritores sérios".

Sobre os "escritores sérios", falaremos um pouco mais adiante; quanto aos "críticos", conforme o exposto na introdução deste capítulo, a cultura erudita de nossos comentaristas mostrou-se sempre um empecilho para sua compreensão dos gêneros de maior apelo popular. Partindo-se ainda do pressuposto de que o teatro cômico musicado demonstra ser inteiramente direcionado para as classes populares, seu "desespero" é plenamente compreensível. Finalizando, o lamento de que a "dramaturgia nacional, tão promissora ao surgir sob o romantismo, acabava o século em 'anticlímax'", o qual conclui o parágrafo, não deixa claro ao leitor se as tragédias e dramas "levados" pelo teatro musicado são os da promissora (em 1838) dramaturgia nacional ou se são os da época em que se encenavam, por exemplo, *Otelo* e *Hamlet*[20], com a qual "morre o teatro brasileiro".

Não desmerecendo em nada o talento de João Caetano dos Santos e, menos ainda, o acurado estudo do emérito professor, consideramos necessário ressaltar que não esteve entre as preocupações primeiras do empresário/ator o estímulo à produção dramatúrgica nacional, sendo seu repertório composto, em significativa maioria, de peças européias, de modo geral adaptadas. Sendo assim, ainda que a (melo)dramática última frase atribuída ao autor (ótima como efeito teatral) possa ser mesmo bela, acreditamos que tanto João Caetano quanto o professor Décio foram generosos em demasia na avaliação, posto que nosso grande ator, ainda que grande, apenas continha em si uma pequena parte do "teatro brasileiro".

Finalmente, continuando a discussão sobre a opinião dos estudiosos contemporâneos a respeito do período, observa-se, conforme levantamento dos jornais da época citado pelo professor João Roberto Faria, que "a partir de 1863 [por sinal o ano da morte de João Caetano] diminuem as peças realistas em cartaz"[21]. Tal coincidência cronológica permite supor que, mais que uma opção estética real de nossa dramaturgia, o realismo em nosso teatro tenha-se manifestado tão-somente como mais uma influência do desejo de acompanhar a trajetória

---

20. Sempre em versões adaptadas de traduções francesas, nunca traduzidos diretamente do original inglês.
21. J. R. Faria, 1993, p. XVII.

teatral européia "a tempo e a hora" e, ainda, como uma reação específica dos intelectuais da época contra a estética melodramática sustentada pelo ator nos últimos quinze anos de sua carreira, tanto que, extinguindo-se seu mantenedor, o movimento que lhe era contrário conseqüentemente perde força e "a intensa movimentação teatral" atribuída à época acaba também por esvair-se.

Considerando-se ainda que a época em que mais expressivamente se encena obras marcadas por este estilo (1857-1862) coincide justamente com o período de produção teatral do escritor José de Alencar, infere-se que é sobre a obra desse autor que se sustentaria o entusiasmo do movimento, cujo declínio acompanha seu abandono do gênero dramático.

Novamente acreditamos ter havido uma sobreavaliação a respeito da obra de nosso escritor, cuja produção para o teatro não é exatamente caudalosa, e mais uma vez vemos cair sobre um único indivíduo a responsabilidade de ser o símbolo de todo um período. Os indivíduos em questão foram utilizados como foco de atenção para o *recorte* necessário a uma pesquisa aprofundada, como indubitavelmente o são os estudos historiográficos aqui discutidos. Para que se pusesse em relevo sua obra ou sua atuação no panorama de nossa dramaturgia, entretanto, não se impõe como necessária, nem se justifica, sua entronização, desconsiderando a organicidade de nossa evolução teatral.

ALGUNS EQUÍVOCOS

A dramaturgia encenada durante o período da Primeira República foi, durante bastante tempo, depreciada por não ter conseguido conquistar, para os dramas nacionais, o abundante público dos *vaudevilles* e das revistas, bem como a platéia elitista que freqüentava as apresentações *importadas* das companhias estrangeiras. Conforme pudemos observar, todavia, os comentários citados a propósito de nossa vida teatral desde seus primórdios comprovam ter sido o comparecimento do público um curioso obstáculo enfrentado por dramaturgos de todos os períodos de nossa história e não uma reação exclusiva à produção teatral aqui analisada.

Outro equívoco presente nesse disseminado ponto de vista é expresso quando seus defensores referem-se, de modo geral, à produção e afluência de público aos dramas nacionais ignorando, em seus comentários, a conjuntura em que se encontravam as comédias (de modo geral bastante representadas e contando com boa receptividade por parte das platéias) e o teatro musicado, sobretudo as revistas de ano de Artur Azevedo. O que se vê na posição desses observadores privilegiados é que suas preocupações detinham-se no "drama" nacional, passando ligeiramente ao largo do reconhecimento da tradição cômica popular brasileira.

Entre as possíveis explicações encontradas por nossos "críticos" para a ausência do público nas representações de dramas nacionais, uma delas era sua excessiva subserviência ao modelo estrangeiro (sobretudo o francês). A esse respeito, Barbara Heliodora, cujo ponto de vista reitera a opção de análise feita no presente trabalho, posiciona-se de maneira bastante isenta ao afirmar que

> [...] o teatro, é preciso que admitamos, não perdoa: ele reflete o ambiente em que é escrito, quer queiramos, quer não queiramos, e não adianta ficarmos "falando mal" do teatro brasileiro da época, dizendo que ele imitava o estrangeiro, que lhe faltava brasilidade, quando na realidade era ao próprio Brasil que faltava essa brasilidade: o teatro imitativo não fazia mais do que mostrar a força do colonialismo cultural[22].

Sendo assim, poder-se-ia afirmar que não era de nossa dramaturgia "séria" a *culpa* pela ausência de identidade que lhe foi continuamente imputada. Num país colonizado, inserido num mundo cuja dramaturgia já contava com no mínimo seiscentos anos de estabelecimento, isto se considerarmos apenas o ressurgimento teatral do século XII, o teatro nacional não teria, em nenhuma hipótese, uma evolução alienada dos conhecimentos cênicos já experimentados pela cultura ocidental.

Talvez por esta falta de brasileirismo tenha-se iniciado, como foi demonstrado, o movimento de valorização das características nacionais que, iniciado pela literatura no final do século XIX, alcança os palcos de forma avassaladora nas primeiras décadas do século XX, conforme afirma o historiador Miroel Silveira:

> Durante o lustro 1910-1914, [...] anunciavam uma reação que apontaria vitoriosa no período seguinte: o nacionalismo, colocado ora em termos de regionalismo, ora de costumes urbanos e suburbanos brasileiros. [...]
> Essa reação tinha fundamentos históricos no plano político (uma nação jovem tentando afirmar sua independência frente às potências) e ligava-se no plano literário a um movimento pós-romântico mais amplo [...][23].

Para Miroel Silveira, os autores em atividade na Primeira República saem das discussões teóricas sobre a identidade cultural, passando a expor nos próprios textos cômicos do período a necessidade de manutenção e "defesa" de nossas tradições culturais. O nacionalismo que expressavam era, aliás, urgente e necessário considerando-se que nosso incomensurável complexo de inferioridade nos fazia (e ainda faz) desconsiderar enormemente tudo o que não trouxesse o selo da cultura internacional.

---

22. B. Heliodora, 1972, p. 7.
23. M. Silveira, 1976, p. 121.

A propósito da produção teatral das três primeiras décadas do século XX, até pela renitente tendência comparatória de que vimos falando, poucos estudiosos e/ou historiadores contemporâneos demonstram posições de compreensão do processo de construção e continuidade de nossa tradição dramatúrgica. A postura apriorística de "má vontade" com relação à produção dramatúrgica do período ocasiona alguns equívocos de leitura, que para nós traduzem uma certa indiferença para com o objeto avaliado não recomendável no procedimento analítico.

De um destes "equívocos de leitura" não escapou, por exemplo, um excelente inventariante da história de nossa formação cultural. Ao comentar a estréia de *Fim de Raça*, de Coelho Neto, assim descreve Wilson Martins o entrecho da peça: "em *Fim de Raça*, a Baronesa de Piranhas, obcecada com a pureza e revigoramento do sangue familial, casa a filha com um atleta vigoroso; infelizmente, o produto desse conúbio será o monstro Bragaldabás"[24]. Não é, porém, este o resumo da pequena comédia de Coelho Neto: *Fim de Raça* (1900) trata dos costumes da época com relação à perpetuação do sangue e do nome de família; a Baronesa em questão, todavia, quer casar sua filha com o camponês Bragaldabás, no que é impedida por um médico, o Dr. Maldonado, que lhe pede a mão da moça, salvando-a do casamento com o lavrador.

Apesar de despretensiosa em sua concepção, a leitura de *Fim de Raça* vale ainda pela observação social, inclusive no que diz respeito à visão que se tem à época da inutilidade da função da mulher na reprodução: "A terra incuba e nutre, nada mais. [...] A terra é passiva. As leis da geração inspiraram aos francos a lei sálica – a mulher não tem o direito de sucessão".

Outro exemplo de equívoco na leitura é um trecho do resumo apresentado por Edwaldo Cafezeiro sobre a farsa *A Guerra*, curiosamente do mesmo autor de *Fim de Raça*:

> [...] Estão ambos conversando; especialmente Pancrácio discute a importância de se ter um nariz, já que o seu não funciona; aí percebem a presença de Gorka, uma francesa que se diz turca. Ela vem fazer curativos na esposa de Romualdo. Já sabemos mais ou menos o que vai ocorrer: com boas notícias da guerra, tudo se consegue; caso contrário, tudo perdido. [...] Gorka interrompe a prosa e cura-lhe o nariz[25].

O trecho descrito peca pelas seguintes incorreções: Maturino e Pancrácio, as personagens que conversam, não percebem *aí* a presença da mulher, que se encontrava "tamborilando na bolsa, que tem ao colo, e batendo nervosamente com o pé"[26] desde o começo da cena,

---

24. W. Martins, 1996, vol. 5, pp. 123-124.
25. E. Cafezeiro, 1996, pp. 358-359.
26. H. Coelho Neto, 1998, p. 389.

chamando, evidentemente, atenção; seu nome é Go*s*ka e não Go*r*ka, e ela apenas examina o nariz de Pancrácio, sugerindo-lhe que a procure em seu instituto para que possa curá-lo.

Os pequenos "tropeços" descritos, ainda que insignificantes considerando-se toda a obra historiográfica de seus autores, de certa forma denunciam pouco cuidado na leitura das peças em tela, o que certamente compromete um estudo mais minucioso da dramaturgia em questão.

Finalmente, levando em conta que nosso ponto de vista do teatro como espelhamento era visão corrente também na época abordada, gostaríamos de nos deter rapidamente sobre recente comentário publicado a respeito da comédia *As Doutoras*, de França Júnior, no qual se afirma que o fato de que "ponto de vista tão indiferente ao destino humano da mulher tenha sido defendido depois de Ibsen haver escrito *Casa de Boneca* cobre de vergonha a dramaturgia nacional"[27]. Sobre o entrecho da peça, comentaremos mais adiante; faz-se necessário, entretanto, lembrar que ainda hoje "o destino humano" de inúmeras mulheres em nossa sociedade patriarcal continua sendo apenas gerar e criar seus filhos. A assertiva contida na *História Concisa do Teatro Brasileiro* parece-nos, portanto, grave erro de avaliação, por não perceber que, se nas artes plásticas, por sua possível abstração e dissociação da realidade imediata, são eventualmente encontrados saltos estéticos que permitem, por exemplo, acontecimentos como o surto modernista de 1922 (amparado unicamente no conhecimento das manifestações teóricas e artísticas em curso na Europa), o mesmo não se dá com a dramaturgia. O espelho cênico é inevitavelmente atrelado à sociedade por ele refletida. A nosso ver, França Júnior não "defendeu" um ponto de vista pessoal, mas simplesmente traduziu o espanto e a descrença de seu tempo ante as novas perspectivas de comportamento. Se há alguma "vergonha", não é para a dramaturgia – que mais uma vez cumpriu o seu papel –, mas para todo o pensamento nacional. Se nossa sociedade ainda não tinha conseguido desprender-se de inúmeros "ranços" do século passado, absurdo seria exigir que nosso teatro tivesse adentrado o século XX sozinho.

Cabe uma última observação sobre o ponto de vista contemporâneo corrente, disseminado pelos modernistas (sobretudo Lima Barreto), de que "até a década de 1920 nosso teatro dramático [teria permanecido] numa pasmaceira sem nome, vazio, sem público, sem autores e sem ouvir falar da revolução estética na virada do século, com figuras como Stanislavski, Gordon Craig, Appia e outros"[28]. Relevando-se o erro de avaliação que aponta o "vazio", a falta de público[29] e a falta de

---

27. D. A. Prado, 1999, p. 137.
28. V. Arêas, 1990, p. 92.
29. O Teatro Trianon, inaugurado em 1915, tinha capacidade para mais de mil espectadores. Considerando-se que era um teatro particular, tal capacidade estava em consonância com o mercado a ser atendido.

autores, tal ponto de vista equivoca-se ainda ao nos exigir uma atualidade ante as vanguardas estéticas que nem mesmo a Europa apresentara a seu tempo. De acordo com as afirmações de Jean-Jacques Roubine, as inovações propostas, por exemplo, pelo suíço Adolphe Appia, no ensaio "La mise-en-scène du drame wagnerién", datado de 1895, apenas "nos anos 1950-1960 viria[m] a ser a inspiração do novo *Bayreuth*"[30]. O professor afirma ainda que, assim como ocorreu no Brasil,

> [...] a condenação das práticas dominantes da época por alguns intelectuais do teatro não teria sido por si só suficiente, por mais veemente que fosse, para fazer surgir as transformações que viriam a caracterizar o teatro moderno. Seria mais exato, sem dúvida, dizer que essas transformações se concretizaram – de modo bem gradual, aliás, se considerarmos as resistências que Vilar e Wieland Wagner encontraram, na década de 1950, respectivamente na França e na Alemanha, antes de fazerem triunfar as concepções herdadas de Appia, Craig e Copeau [...][31].

Ora, se em seu próprio berço europeu, no ponto de origem das "transformações que viriam a caracterizar o teatro moderno", os encenadores contemporâneos, em 1950 (!), ainda encontraram resistências, na França (!) e na Alemanha, para "fazerem triunfar as concepções herdadas de Appia, Craig e Copeau", é literalmente injustificável que aos artistas nacionais tenha sido tão amplamente cobrado um tributo à "modernidade" que nem mesmo a festejada sociedade européia estava preparada para receber.

Isso posto, concluímos o presente capítulo afirmando que as lamentáveis apreciações da "crítica especializada", que veementemente decretaram a decadência do teatro brasileiro no período aqui abordado, foram ocasionadas não apenas pelo tradicional preconceito do "clássico" contra o popular, como também por um certo desconhecimento de nossos teóricos tanto das obras quanto do contexto histórico em que foram criadas. Os equívocos de leitura e avaliação das obras produzidas à época, disseminados à exaustão e cujos exemplos aqui apresentamos, infelizmente dificultaram sobremaneira uma análise isenta da "orgânica unidade [de toda a] dramaturgia brasileira"[32] que já deveria ter-se produzido, determinando, indesculpavelmente, o quase que total esquecimento de autores, atores e obras de vasto período de nossa história cultural.

---

30. J. J. Roubine, 1982, p. 22.
31. *Idem, ibidem.*
32. S. Magaldi, 1970, p. 165.

4. Novamente em Cena: Uma Dramaturgia entre a Forma e o Conteúdo

A *Primeira República* difere do período que a precede, sobretudo no sentido da rapidez das mudanças sociais e seu conseqüente reflexo na cena. Se a fase inicial de nossa República (de 1889 a 1930) foi uma das épocas mais agitadas política e socialmente (não só no Brasil mas no mundo ocidental em geral), observamos que ela foi também, concomitantemente, das mais desprezadas nas avaliações de sua produção cultural em geral e dramatúrgica, em particular. A continuidade das buscas de reflexão sobre nossa realidade, também por meio do canal da dramaturgia foi, todavia, tão fértil quanto o desenvolvimento provocado pelas transformações no terreno político e social.

A cada gênero dramático encenado no país correspondeu, entretanto, uma forma específica do espelhamento teatral: nos dramas foram abordados os conflitos vivenciados pela sociedade naquele momento, numa óbvia tentativa de ampliar a discussão sobre as questões então mais em evidência; as comédias, paralelamente à afirmação nacionalista, perseveraram na tradição da crítica debochada dos costumes iniciada nos primórdios do Império, além de terem ainda assimilado novos padrões de representação da graça cotidiana; no plano do teatro mais abstraído da realidade objetiva, a permanência do melodrama em nossos palcos trazia à tona o gosto popular pela emoção servida às escâncaras, enquanto o movimento simbolista, por sua vez, levava aos palcos a controversa corrente estética da "arte pela arte".

DRAMA: A BUSCA DE UM TEATRO "SÉRIO"

O referencial de "arte dramática" tomado por todos os nossos comentaristas, e mesmo pelos dramaturgos, foi exclusivamente o teatro, diríamos, sério. Inicialmente buscou-se o domínio da construção da tragédia nas heróicas tentativas de Gonçalves de Magalhães e Gonçalves Dias. Posteriormente, continuando a negar a comédia como valor dramatúrgico, a partir de meados do século XIX, o padrão da "arte dramática" conceituada passa a ser o drama realista burguês europeu, mais especificamente a *pièce bien faite* do realismo francês.

Porquanto não possuíamos forte tradição num ou noutro gênero, fomos indiscriminada e continuamente acusados de não possuir dramaturgia alguma. Sendo assim, ao longo de toda a nossa história cultural, os autores brasileiros sentiram-se pressionados pela "obrigação" de serem *dramáticos*, de modo a angariar as simpatias da "crítica autorizada".

Para que se possa aquilatar a preocupação de teatrólogos e teóricos com o assunto, basta informar que quase todos os autores teatrais brasileiros desde o Império fizeram eventuais ou múltiplas incursões pela dramaturgia "séria", pela única razão de que, se se restringissem ao plano da comédia, jamais seriam considerados dramaturgos, no pleno sentido do termo. Essa obrigatoriedade levará inúmeros bons comediógrafos a *cometerem* dramas e tragédias, alguns com lamentáveis resultados, seguindo rigorosamente os passos traçados pelo teatro europeu.

Ocorre, entretanto, que Victor Hugo, Dumas e todos os que nos serviram de inspiração não apenas eram fruto de discussões estéticas muito anteriores a eles próprios como utilizaram o drama para falar das questões de seu tempo, da sociedade que lhes circundava, e sua mestria nesta exposição era exatamente a razão pela qual foram reconhecidos como modelos.

A falta de percepção dessa associação intrínseca entre a forma dramática e seu conteúdo foi, parece-nos possível afirmar, o grande equívoco em que incorreram os autores nacionais "sérios", desde os primórdios de nossa história teatral: ao escreverem seus dramas e tragédias, os dramaturgos brasileiros sempre procuraram criar suas peças *a modo de* algum autor ou estilo específicos, sem se darem conta de que por trás de cada autor tomado como modelo havia uma história social e dramatúrgica da qual não fizéramos parte. Por este prisma, ao tentarem simplesmente escrever *como* os franceses, ingleses ou espanhóis escreviam, nossos autores jamais conseguiriam produzir uma dramaturgia "séria" com a qualidade dos originais que tentavam imitar.

Tornando (sempre!) ao ponto de vista apriorístico deste estudo, o que ocorria com nosso "teatro sério" na maior parte dos casos era que ele acabava, como diria Machado de Assis, não traduzindo a sociedade que o cercava e, por essa razão, não contando com as simpatias de quem realmente interessa na vida teatral: o público. Sem um público que ali se reconhecesse (a "elite" só assistia aos espetáculos trazidos por companhias estrangeiras, enquanto as platéias mais populares continuavam fiéis às comédias, melodramas e ao teatro musicado), as tentativas de implantação da "arte dramática" no Brasil acabavam sempre como tentativas, inevitavelmente *implantadas* e, o que é pior, quase sempre destinadas ao fracasso.

A "arte dramática" proposta por autores e teóricos de então, na realidade, poderia ser subdivida entre as peças de final "triste" (que seriam a definição mais comum de *drama*), cuja busca de aprofundamento temático é clara, e o que se convencionava chamar à época *alta comédia* (*alta*, porque tratava de assuntos supostamente mais elevados, em contraponto à "baixa", doméstica e cotidiana, e *comédia* porque tinha final feliz). Com uma linha divisória bastante tênue, ambos os gêneros buscavam discussões "elevadas" sobre questões pouco compatíveis com o gosto das platéias populares.

A esse respeito, seria útil lembrar o comentário de Mário Nunes sobre a estréia de *Cabotinos*, de Oscar Lopes (Municipal, 1912), que "valeu por um sopro de energia, de vitalidade, entusiasmando o público e a crítica"[1]. Oscar Lopes, como vemos, fez confluírem em seu drama elogios aparentemente unânimes. Não nos parece, entretanto, que tenha tentado propositadamente "ensinar" a seus pares, com *Cabotinos*, o que era teatro *elevado*. E esta parece ser *a* questão. Nossos dramaturgos perderam-se tanto mais, quanto mais tentavam demonstrar conhecer qualquer estilo ou escola, quanto mais tentavam ser *didáticos* e não *teatrais*. O exemplo de sucesso aqui demonstrado, *Cabotinos*, não parece seguir uma forma preestabelecida, o que confere à peça sua maior qualidade. Ao construir seu drama com os pés calcados na realidade que o cercava, com propriedade e conhecimento, Oscar Lopes conseguiu escrever não só *dramaturgia*, como dramaturgia séria e de boa qualidade.

Considerando-se, portanto, as *formas* drama e/ou alta comédia, com o *conteúdo* de reflexão social a que se queria inevitavelmente associá-las, a dificuldade maior para o estabelecimento de nossa "arte dramática" foi a adequação desta forma, estabelecida *a priori*, a conteúdos que se queria discutir, não essencialmente "dramáticos", ou ainda, não diretamente ligados à nossa realidade. Mesmo assim, algumas tentativas dignas de nota foram feitas durante a época aqui abordada, das quais falaremos a seguir.

O Contexto da Época

Em 1914 eclode na Europa a Primeira Guerra Mundial. O acontecimento não afeta o Brasil de forma direta, a não ser pelo horror do

1. M. Nunes, *op. cit.*, p. 47.

fato em si. Suas conseqüências indiretas, todavia, serão de vital importância para o país como um todo, particularmente para o desenvolvimento industrial, mas também em grande escala para o aprimoramento dramatúrgico.

Praticamente todos os produtos industrializados encontrados no Brasil até os primeiros anos do século provinham da Europa; com a deflagração da guerra, envolvendo todos os países fornecedores e ainda impedindo o transporte de mercadorias, nosso país viu-se impelido à auto-suficiência em relação a alguns desses produtos. Como a agroindústria cafeeira encontrava-se em permanente oscilação – tendendo para a baixa – desde 1906 e também impedida de exportar para seus habituais compradores europeus, o dinheiro do café, basicamente do interior paulista, volta-se nesse período para a produção industrial, o que explicará ter sido justamente este o estado onde a atividade industrial alcançará maior desenvolvimento nos anos subseqüentes.

No caso da dramaturgia, se observado o número de estréias de dramas e comédias no período de guerra, ver-se-á que os dramaturgos e comediógrafos brasileiros viveram aí um tempo de particular criatividade. Numa comparação com a quantidade de estréias de peças nacionais em anos anteriores, vemos que, a partir de 1914, cresce de forma significativa o número de textos brasileiros permanentemente em cartaz nas temporadas teatrais. É em 1915, por exemplo, a estréia de *Eu Arranjo Tudo*; em 1916, a de *Flores de Sombra*; em 1917 a de *Nossa Terra* e, em 1918, ocorrem as estréias de *No Tempo Antigo* (Antônio Guimarães), *Mantilha de Rendas* (Fernando Caldeira), *O Simpático Jeremias* (Gastão Tojeiro), *A Estátua* (Artur Pinto da Rocha) e *Na Voragem* (Renato Viana), todas com enorme sucesso de público – e de crítica, segundo comentários de Mário Nunes –, contando com diversas reapresentações ao longo de todo o período abordado.

Acontece que, assim como os produtos industrializados, as produções teatrais ditas "sérias" só eram valorizadas, até a guerra, se importadas. Tanto quanto as outras importações, no entanto, as companhias italianas e francesas tiveram interrompidas suas excursões anuais ao Brasil em conseqüência do conflito armado. Essa ausência propiciou às companhias nacionais dois fatores fundamentais de estímulo: bons teatros disponíveis nos meses mais disputados para temporadas teatrais e um público relativamente ocioso e, portanto, passível de ser conquistado pelas obras brasileiras, o que vai, de fato, gradativamente acontecendo.

O Universo Temático

Por menos que quisessem os tradicionalistas da época, o período compreendido entre a Proclamação da República e o início dos anos

30 do século XX é marcado por profundas transformações políticas, econômicas e sociais, que se vão refletir em todos os âmbitos das relações humanas, possibilitando, em conjunto, uma reestruturação de toda a sociedade. A dramaturgia aí produzida retratará estas transformações, redesenhando sua imagem em estágios diversos.

Um dos assuntos abordados na cena brasileira da época será a Primeira Guerra Mundial. Quanto a isso, apesar de lamentar profundamente as razões e principalmente os efeitos de um conflito armado, seja ele qual for, não podemos deixar de reconhecer o enorme impulso dado ao Brasil pelas dificuldades decorrentes da Grande Guerra. Se pode ser percebido, em peças como *O Intruso* (1915), de Coelho Neto, *Na Voragem* (1918) ou *Manhãs de Sol* (1921), o horror pessoal que uma destruição desse porte provoca, percebe-se também que esse mesmo fato nos fez acelerar um processo de amadurecimento em todos os níveis, que pode ser claramente observado por meio de sua tradução cênica.

Os ecos imediatos da Primeira Guerra Mundial soam em diversos textos do período, como nos já citados *Na Voragem* e *Manhãs de Sol*, e são assunto específico de outros. *O Intruso*, estreado no Trianon em 5 de julho de 1915, é o primeiro de que temos notícia a tratar do assunto. Na seqüência cronológica estréiam *Os Aliados* (1916) – não encontrado para leitura, mas cujo título permite supor tratar também de assunto relativo à guerra –; *Nossa Terra* (1917), já citado anteriormente; o drama *Na Voragem* (1918), que se refere ao conflito de modo presente e sombrio (em 1918 vivia-se seu ápice) e *Manhãs de Sol* (1921) que, com o belicismo aparentemente distanciado, expressa uma contundente crítica pacifista, apontando para direção oposta à da confrontação bélica.

Pelas dificuldades de transporte e comunicação, como se pode perceber, o que a Europa vivia naquele momento chegava-nos apenas como eco com o qual nos solidarizávamos, mas que não era parte de nossa vivência coletiva. Nossa realidade era peculiarmente nossa e as questões sociais européias, ainda que nos sensibilizassem, na verdade não nos diziam respeito, não sendo de se estranhar, portanto, que as transformações em andamento no Velho Continente não fossem sentidas em nosso país da mesma forma que o eram no mundo europeu.

Uma das realidades que vivenciávamos naquele momento era, por exemplo, a de um surto capitalista, estimulado, inclusive, pela própria guerra, que gerava diferentes comportamentos frente às novas possibilidades de negociação e intermediação financeira. Sobre esta questão, a dramaturgia brasileira refletirá com muito mais propriedade.

Nesse contexto, outro dos assuntos recorrentes na cena nacional será a nova relação entre a sociedade e o capital que naquele momento se estabelecia. Como se viu em capítulo anterior, os novos valores socioeconômicos que se apresentavam seriam associados à urbanidade, em contraste com a tradição rural. Considerando-se que o Rio de Janeiro foi capital do país de 1763 a 1960, "consagrando-se, com a República, como centro absoluto da vida política e cultural, além de pólo financeiro disposto a lidar de forma moderna com as transações capitalistas"[2], é natural que ao apreciar, por meio da dramaturgia, esta nova sociedade, forjada ao redor do dinheiro e do poder, ali fossem ambientadas a maior parte das situações representadas.

O malandro (sobretudo carioca), que vive de expedientes, é personagem freqüente na dramaturgia nacional desde seus primórdios. Segundo Nicolau Sevcenko, entretanto, o advento da República, a partir da especulação financeira desenfreada, faz surgir "uma classe argentária de moral dúbia"[3], mais voltada para as negociatas de alto porte. Nas peças analisadas do período em questão é expressivo o número de personagens sem ocupação definida e que aparentam uma vida abastada. Em alguns casos, como o de Josino (*Quebranto*), ou Carlos (*A Bela Madame Vargas*), as personagens são tipos realmente desocupados que, no entanto, diferentemente de seus antecessores, não mais expressam a simpática malandragem, mas sim algo que se aproxima da verdadeira delinqüência, na ânsia de manter uma posição social a qualquer custo.

A sociedade citadina retratada pela dramaturgia da época é, aliás, na maior parte das vezes, obcecada pela aparência, pela manutenção do *status* social. Em O *Dinheiro*, de Coelho Neto, por exemplo, Mamede, um homem cuja fortuna foi acumulada na intermediação de negócios com o governo, não hesita em expor a própria mulher como objeto de troca numa negociação que lhe traria enorme lucro.

A Bela Madame Vargas (1912), de João do Rio (pseudônimo do escritor Paulo Barreto), é outro texto cujo tema é a absoluta necessidade de manutenção do *status quo*.

O drama *Não Partirás* (São Pedro, 18 de outubro de 1922), de Heitor Modesto, trata de diversas questões em pauta no momento: as atitudes escusas no jogo especulativo (um dos protagonistas, corretor de ações, joga e perde o dinheiro dos clientes), o adultério (Luíza, sua mulher, tem um caso com um dos clientes do marido) e a eterna manutenção do núcleo familiar (numa situação um tanto nebulosa o marido mata o amante da mulher, aparentemente sem saber da ligação entre os dois).

Na sociedade carioca empobrecida pela decadência do comércio cafeeiro no vale do Paraíba e ainda sem perspectivas sólidas de industrialização, pelo que se denota por meio da dramaturgia, a questão da manutenção da posição social era crucial. É patente porém, a partir da postura dos dramaturgos em seus dramas e comédias, em geral crítica,

2. R. Araújo, 1993, p. 26.
3. N. Sevcenko, 1998, p. 15.

que a opção dos autores é claramente contra a hipocrisia social dominante.

Outra grande dificuldade enfrentada pela sociedade brasileira da *belle époque* foi a absorção das transformações ocorridas no âmbito familiar, entre as quais a lentíssima porém inexorável evolução do papel da mulher no sentido de uma maior participação social. Nesse caso, mencionamos finalmente o último dos mais freqüentes temas abordados em nossos palcos na Primeira República: a nova posição da mulher.

Como objeto temático do texto dramatúrgico esse movimento feminino aparece diretamente desde *A Emancipação das Mulheres* (1852), de Antônio de Castro Lopes, passando por *As Doutoras* (1887), de França Júnior; *A Mulher* (1907), de Coelho Neto; *A Herança* (1908), de Júlia Lopes de Almeida; *As Sufragistas* (1916), de Domingos de Castro Lopes (cujo texto não foi possível encontrar) e *No Tempo Antigo* (1918), de Antônio Guimarães. Pela data da primeira comédia conhecida, 1852, pode-se observar que o assunto encontra-se latente desde o período monárquico. O enfoque dado ao tema é que vai se desenvolvendo em meio a detratores e defensores das conquistas femininas.

Ainda que sem pertencer ao período abordado, *A Emancipação das Mulheres* serve-nos aqui como suporte para o comentário a propósito de *As Sufragistas*, escrita, sintomaticamente, pelo filho de Antônio de Castro Lopes.

Em *A Emancipação das Mulheres*, o radicalismo lingüístico de Castro Lopes (pai) estende-se à sua visão do comportamento feminino: a emancipação de que trata o título é utilizada, na comédia, apenas para satisfazer o desejo de Deolindo, um doutor recém-chegado da Europa, de casar-se rapidamente com Julieta, uma moça instruída, dada à literatura. Ocorre porém que o tio (e tutor) de Julieta opunha-se ao enlace. Deolindo, então, fazendo-se passar por simpatizante do movimento "emancipatório", consegue a cumplicidade de Querubina, líder das "emancipadas". Realizado o casamento, entretanto, o rapaz mostra suas verdadeiras intenções.

É esta a cena final da comédia:

DEOLINDO – [...] a emancipação das mulheres, tal como se quer entender, é um sonho irrealizável e mesmo uma utopia ridícula...
QUERUBINA – Que diz, Sr. Doutor? pois o senhor iludiu-me?
DEOLINDO – Confesso que abusei da credulidade de um sexo tão frágil fomentando idéias que não poderão jamais ser realizadas [...] para alcançar com mais brevidade a minha união com aquela que de hoje em diante, no amor conjugal, na dedicação aos deveres domésticos e na política da virtude fará consistir toda a sua glória, deixando em profundo olvido os pensamentos romanescos e as idéias extravagantes, que uma educação mal dirigida imprimiu em seu espírito exaltado. [...][4]

4. A. C. Lopes, s. d., p. 295.

A moça, que poderia pedir anulação do casamento por erro de pessoa, sequer se manifesta, encerrando, ao que parece, sua possível carreira literária e libertária.

O filho de Antônio de Castro Lopes, Domingos, aparentemente foi um fiel herdeiro das idéias do pai. Segundo comentário de Mário Nunes, *As Sufragistas* (Trianon, 11 de janeiro 1916), escrita mais de sessenta anos depois da apresentação de *A Emancipação...*, ainda é inspirada nas mesmas certezas. Diz Mário Nunes: "A Companhia Cristiano de Souza, [...] ocupando o Trianon, em janeiro levou à cena [...] a 11, *As Sufragistas* – Peça em que as tendências igualitárias são criticadas e caminham para o fracasso... porque o autor é homem"[5]. Não apenas homem, poderíamos completar, mas filho de seu pai.

As mulheres que votam... as mulheres que se formam nas universidades... Nesse momento (como ainda hoje) representam uma ameaça para o patriarcalismo estabelecido. Entre as peças que antecederam o período aqui abordado, *As Doutoras*, de França Júnior, é outra comédia cujo objetivo final é lembrar às "senhoras" seu verdadeiro lugar na sociedade, e único em que encontrariam a tão sonhada realização: o lar, principalmente entre fraldas e cueiros. Tendo estreado em 1887, *As Doutoras* é sistematicamente reapresentada no período observado, o que demonstra ter caído no gosto do público da época.

No caso de *As Doutoras,* num levíssimo progresso em relação à solução final de *A Emancipação...*, não é necessária a intervenção masculina para demonstrar às mulheres que suas idéias "não poderão jamais ser realizadas": são elas próprias que percebem terem sido a universidade, o desejo de independência, engodos que as desviaram de sua verdadeira missão. A chegada dos filhos as faz, literalmente, esquecerem-se de tudo o que haviam apreendido pelo estudo e abandonarem completamente as perspectivas profissionais.

Considerando o ponto de vista de reflexo do pensamento social, o discurso subjacente ao texto é de que a comunidade, de cunho dominantemente masculino, excluía a mulher de uma efetiva participação na sociedade, impedia que ela assegurasse sua própria sobrevivência, forçando sua permanência em espaços desenhados e planejados pela arquitetura masculina, ou seja, adequando-se a uma vida que não era propriamente a sua. A peça *As Doutoras*, como fruto de sua época, endossa e difunde o discurso que ridiculariza a mulher como partícipe da estrutura social, reforçando a imagem de seu caráter sentimental.

A contrapartida a este ponto de vista aparece, por exemplo, em *A Herança*, de Júlia Lopes de Almeida, cuja estréia se dá no Teatro da Exposição Nacional, em 4 de setembro de 1908. A abordagem do papel da mulher no casal é feita aqui de maneira inteiramente inversa àquela apresentada por França Júnior. Se a emancipação feminina é

---

5. M. Nunes, 1956, vol. I, p. 96.

para os autores homens motivo de riso, assunto de comédias, as possíveis conseqüências da perda de identidade da mulher em nome do casamento são, para elas, um drama terrível, conforme o exposto pela autora (uma mulher!) de *A Herança*.

Aplaudido por João do Rio como a "primeira peça dramática do teatro brasileiro"[6], este drama narra a trajetória de Elisa, uma órfã pobre que conhece um jovem de posses e com ele se casa. Aparentemente seria um excelente casamento e uma história banal. Seguindo o costume da época, a moça deixa seus estudos para ser companheira do homem que amava e que poderia sustentá-la. Os problemas da protagonista se estabelecem quando, pouco tempo depois do casamento, seu marido fica tuberculoso e morre, deixando os bens para a mãe, e para ela, como herança, apenas a doença que lhe seria fatal.

Elisa, que abandonara os estudos e todas as suas atividades por devotamento ao marido, passa a ser então empregada da sogra na casa que um dia fora sua. Humildemente, a moça conduz sua vida condenada à morte prematura, sem reclamação. A protagonista começa a ser constantemente humilhada, numa situação bastante incômoda mesmo para a platéia[7]. A mensagem subentendida é a de que se Elisa, apesar de casada, tivesse continuado seus estudos e trabalhasse, não teria ficado tão desvalida, expondo-se às humilhações da sogra e condenada à morte pela tuberculose.

Numa noite chuvosa, finalmente, a jovem deixa sua casa. Apesar de todas as condições serem adversas à atitude da protagonista, pela coragem de Elisa ao partir em busca de um lugar que fosse o seu, Júlia Lopes de Almeida apresenta uma outra postura possível para o universo feminino sem ser a da acomodação, sugerindo que nem todas as conveniências do mundo valiam a humilhação de uma mulher.

A tese possibilita a conclusão de que, se por um lado (o masculino), o abandono da identidade em nome de um marido que se mantém vivo pode até ser tratado como comédia; por outro lado, a ausência de perspectiva de uma mulher, cujo mantenedor tem o mau gosto de morrer, possui o triste sabor de uma tragédia. Para a sociedade brasileira de 1908 (e talvez, em grande parte, também para a atual), o anticonvencionalismo de Elisa é ainda uma ousadia que tenta abalar os enraizados conceitos sobre a posição feminina.

Com relação à estréia da peça, vale o aparte de que o organizador das obras destinadas à Exposição Nacional, Artur Azevedo, escala ambos os textos – *As Doutoras* e *A Herança* – para estréias quase simultâneas, possivelmente como demonstração das diversificadas visões, no Brasil, a propósito da situação feminina.

---

6. Segundo comentário anexo à publicação de 1909. Sem transcrição de fonte.
7. *Idem, ibidem*.

Aimé e Dulcina de Moraes (a primeira de pé, lendo uma partitura e a segunda sentada ao piano) em *No Tempo Antigo* (1918), de Antônio Guimarães, remontagem de agosto de 1939 – Cia. Dulcina e Odilon. Arquivo: Cedoc – Funarte.

Dulcina de Moraes e Odilon Azevedo em cena na mesma remontagem de *No Tempo Antigo* – Cia. Dulcina e Odilon. Arquivo: Cedoc – Funarte.

Em clara sintonia com as discussões em voga naquele momento, *No Tempo Antigo* (Trianon, 17 de julho de 1918), "alta comédia" de Antônio Guimarães, apresenta defensores e detratores das conquistas femininas. A peça transcorre na casa de Monsenhor, onde é criada a sobrinha órfã, Maria Izabel. A educação da moça é liberal o bastante para suscitar o comentário de uma marquesa, amiga do tio, de que ele "faria melhor não a deixando ler tanto", ao que a moça, fazendo jus às novas aragens de comportamento incutidas pelo tio, retruca: "Isso! [para ser] A mulher ignorante, a mulher manequim, feita para [o] prazer e [a] vaidade do homem"[8].

Estabelecidas as posições, a marquesa tenta convencer o religioso a aceitar um casamento, a seu ver, conveniente para a moça. Numa primeira atitude, o tio cede a esses argumentos. A veemente oposição da moça, entretanto, faz com que o clérigo "permita-lhe" o casamento com o primo, recém-chegado da Europa (é incrível a quantidade de rapazes que "chegam da Europa" em nossa dramaturgia!). Vale observar que ao ambientar sua peça *no tempo antigo*, com direito à presença da nobreza, o autor remete ao pensamento de que tanto a pressão sofrida pela moça como o tipo de mentalidade apresentado pela marquesa já pertenciam a um passado distante.

Nos dramas *Sacrifício* (Municipal, 23 de novembro de 1913), *Cabotinos* (Municipal, 12 de abril de 1912) e *A Renúncia* (SP/RJ, 1917), o foco principal é o papel subalterno reservado às mulheres na relação a dois. Nota-se entre estas peças, porém, diferentes pontos de vista com relação à abordagem da temática da subordinação da felicidade feminina à masculina.

Sacrifício (1913), de Carlos Góes, narra a auto-imolação de Maria Eugênia pela felicidade do esposo. *A Renúncia* (1917), de Cláudio de Souza, reflete claramente as contradições de seu tempo quanto aos diferentes posicionamentos femininos, pintando um quadro ainda mais negro da relação a dois.

Anterior a *Sacrifício* e *A Renúncia*, *Cabotinos* (1912), de Oscar Lopes, revela-se, todavia, uma peça bem mais moderna: nesta obra o marido, Luciano, não encontra a cumplicidade do dramaturgo. Por intermédio de Germana, a esposa, o autor denuncia a insatisfação feminina com sua "necessária" inferioridade: "Quando é o amor que liga duas criaturas, uma delas se subalterniza... [...] o amor não nivela, não traz a reciprocidade, não estabelece a igualdade nas regalias. No amor, um dos dois é dominado, escravizado, possuído...". (A. III, c. VII)[9]

Utilizando o referencial do metateatro, o drama se passa durante a estréia de uma peça de Luciano, cujo tema é o perdão devido pelos maridos às mulheres infiéis. Num dos intervalos, entretanto, um ator

8. A. Guimarães, s. d., p. 83.
9. O. Lopes, s. d., p. 23.

da companhia declara-se apaixonado por Germana e a beija. O dramaturgo, que vem ao camarim justamente neste momento, ao contrário de sua personagem não perdoa a suposta infidelidade da esposa, pois, segundo ele, na vida real "é mais fácil perdoar o sedutor do que a seduzida...".

Outro tema recorrente nos dramas da época eram os chamados "crimes pela honra". Também aí vê-se a modificação do comportamento em sociedade, traduzido pela dramaturgia do período: da fácil aceitação social do assassinato de um dos cônjuges (com a esmagadora maioria de vítimas femininas), como a apresentada em *Quem não Perdoa* (1912), passa-se a um posicionamento diferenciado, com a acusação aberta a esta forma de "solução" em *Na Voragem* (1918) e *A Flor dos Maridos* (1922).

De Júlia Lopes de Almeida, *Quem não Perdoa* (Municipal, 1º de outubro de 1912) apresenta mais uma vez a versão feminina para os crimes "em defesa da honra", relativamente comuns à época, perpetrados por maridos supostamente enganados. Neste drama Ilda, filha de Elvira, casa-se com Gustavo, engenheiro em início de carreira. No segundo ato, dez anos depois, Gustavo já é um marido displicente e infiel e o casamento de ambos encontra-se à beira do naufrágio. Entre chás e recepções a situação vai-se mantendo até que Gustavo, supondo ter descoberto uma infidelidade da esposa, esfaqueia a mulher e a mata. O início do terceiro ato se dá sob os elogiosos comentários dos amigos do casal a respeito da absolvição do marido, com a qual tranqüilamente concordam. É de uma mulher (por sinal infiel) a seguinte fala: "Gustavo não é o primeiro marido que matou a mulher no Rio de Janeiro e que é absolvido! Há vários aí nas mesmas condições e muito considerados". (A. III, c. I)[10]

Calma e explicitamente, nossa sociedade patriarcal compreende e absolve (ainda hoje), com facilidade, os maridos "enganados" assassinos. Não impunemente, entretanto, o drama foi escrito por uma mulher que "não o perdoa". Após a saída dos amigos, a ex-sogra vem cobrar de Gustavo a vida da filha e o faz pagar, com a sua própria, seu crime.

Júlia Lopes de Almeida, ainda que bastante moderna, é uma mulher de seu tempo e demonstra saber que a atitude geral da sociedade diante da situação exposta em seu drama é de complacência; ao abordar o tema, entretanto, questiona e destrói a impunidade masculina. Novamente, é pelo texto de uma mulher que virão os mais contundentes questionamentos à acomodação ante as agressões ao universo feminino.

Em *Manhãs de Sol* (Trianon, 19 de outubro de 1921), a abordagem do tema dá um passo à frente: a peça traz à cena um marido abandonado (!) ao qual o autor, Oduvaldo Viana, não leva ao crime. Obser-

---

10. J. L. Almeida, 1917.

va-se a evolução do olhar masculino a propósito da antes impensável dissolução do casamento a partir de uma decisão da mulher. A convenção entretanto ainda se mantém: a possibilidade de casamento do homem separado com uma moça solteira sequer é cogitada pelo autor em seu texto.

Outra peça em que é tratada a questão do "crime pela honra" é *A Flor dos Maridos* (Recreio, março de 1922), de Armando Gonzaga, que apresenta diferentes posições sobre o assunto, em confronto direto. Nesta comédia, discute-se a conflituosa questão durante uma festa, e também Armando Gonzaga dá a palma aos novos costumes:

VALÉRIO – Pouco me importa que, em teatro, os maridos matem mulheres. [...] O que não quero é que se pregue a necessidade da mulher matar o homem...
CHARLOT – Ou os cônjuges têm direito de matar o infiel, sem distinção de sexos, ou então não têm direito a coisa nenhuma. (A. II, c. IV)[11]

Atuando como reflexo da sociedade que a cercava, a dramaturgia demonstra, como se vê, a lenta transformação do código social não escrito, que passa a garantir às mulheres novos direitos e um novo lugar no núcleo familiar e na comunidade.

Em *Na Voragem* (Recreio, 3 de outubro de 1918), o olhar de Renato Viana revela outra evolução nas relações intraconjugais: neste drama, provavelmente pela primeira vez, é levantada a questão de que, para um casal, muito mais grave que a ausência de "honra" é a ausência de afeto.

Pelo que se observa, nossa cena busca refletir, a seu tempo, as incipientes modificações da posição da mulher no quadro conjugal e na sociedade, demonstrando que o sistema de relações e valores anteriormente aceitos vai sendo questionado e abalado. Tais transformações, trazidas aos palcos, operavam-se organicamente, a partir de conflitos vivenciados pela coletividade.

Nesse sentido, recorrendo à eterna referência do teatro europeu e considerando-se que a estréia de *A Casa de Bonecas* (1879), de Henrik Ibsen, registra transformações da situação feminina e mudanças drásticas no relacionamento conjugal dentro da sociedade européia, já no século XIX, poderíamos talvez julgar nossos palcos um pouco atrasados em relação à evolução do papel feminino, principalmente nas relações matrimoniais. Ocorre, entretanto, que era a sociedade brasileira que ainda não vivenciava as mesmas transformações que a européia e não se deveria exigir que nosso teatro, novamente citando Machado, fosse obrigado "à reprodução improdutiva de concepções deslocadas de nossa civilização, [que trouxessem] em si o cunho de sociedades afastadas"[12].

---

11. A. Gonzaga, s. d., p. 10.
12. M. Assis, 1955, pp. 17-19.

A *Casa de Bonecas* é um reflexo de vivências *daquela* sociedade, *naquele* tempo e lugar. Se não apareceu uma "Nora" em nossa dramaturgia, foi exatamente porque não havia espaço para ela na sociedade geradora de nosso teatro, que, entre *Luízas, Carlotas, Lúcias, Germanas* e principalmente *Elisas*, cumpriu o seu papel de provocar a reflexão sobre problemas que a nós, e a nenhuma outra sociedade, eram pertinentes.

COMÉDIA: A CRÍTICA SOCIAL POR EXCELÊNCIA

Se o drama realista foi *o* gênero das reflexões individuais, a comédia foi a forma por excelência da crítica social. Por muitos considerado o *primo* menos nobre do drama, o gênero cômico teve, no Brasil, diversos e felizes cultores. Ao longo de todo o nosso caminho teatral, a trilha por onde desfilaram com maior felicidade os tipos característicos desta sociedade brasileira foi sempre a da comédia. Sem a preocupação imediata da *elevação*, sem se aterem a escolas específicas, os comediógrafos brasileiros captaram, cada qual a seu tempo, os sinais identificadores de determinados *tipos* que lhes eram contemporâneos e, utilizando a ironia e o deboche, fizeram rir seus semelhantes com a fina crítica de seus próprios costumes.

Conhecimento técnico, fluência nos diálogos, habilidade na construção dos textos foram qualidades comuns à maioria dos escritores cômicos de nossa dramaturgia até os dias atuais. Essa "intimidade" com a carpintaria teatral poderia ser explicada, basicamente, pela inegável tradição cômica de nosso teatro.

Entre as diferentes formas utilizadas por nossa dramaturgia cômica, as mais populares foram: no teatro musicado, as revistas de ano e no teatro declamado, as comédias de costumes. As primeiras tiveram em Artur Azevedo seu maior representante. As segundas, iniciadas por Martins Pena, têm sido, durante toda a nossa história teatral, o *gancho* pelo qual o teatro se tem identificado a platéias de todas as épocas. Martins Pena, Alencar, Macedo, França Júnior, Artur Azevedo, Coelho Neto, Gastão Tojeiro, Cláudio de Souza, Abadie Faria Rosa, Oduvaldo Viana, Viriato Corrêa e Armando Gonzaga, para citar apenas os de maior evidência entre os que se sucederam até o período por nós observado, foram autores vistos e muito aplaudidos por seus contemporâneos, os quais, em suas peças, viam retratadas as mazelas de seus tempos.

Artur Azevedo: Um Teatro "Ligeiro"?

Diversas questões agitaram o meio intelectual ligado à dramaturgia na Primeira República; uma das principais era a indiscutível superioridade numérica das apresentações de teatro musicado sobre os dramas nacionais e sua preferência no gosto popular.

Um dos fatores que incomodaram os intelectuais em atividade durante o período áureo das revistas de ano (1884-1906, aproximadamente) foi sua inegável "brasileirice", de indiscutível apelo junto às platéias populares. Levando-se em conta que é exatamente este o período de maior produtividade de Artur Azevedo, cujo talento foi em grande parte direcionado para o gênero, foi para o autor das mais populares revistas de ano que se voltaram as críticas dos homens de letras cuja preocupação era o estabelecimento dos dramas *elevados* em nossa "arte dramática".

A questão é que havia, como se comprovou, um imenso preconceito de nossa "elite pensante" contra as formas artísticas mais populares, como se o Brasil que se queria ver representado fosse apenas aquele criado idealmente (e, uff!, de novo, "francesamente") na literatura, por exemplo, de Alencar, de modo a esconder o Brasil mais vasto, porém certamente mais vivo, retratado por Azevedo. Pode-se afirmar que se firmara, efetivamente, uma espécie de "pacto estabelecido tacitamente entre os intelectuais de então, distinguindo com nitidez entre a realidade deles, de um lado, e, de outro, o Brasil real e grosseiro"[13], pacto este do qual Azevedo se ausentara.

As críticas vinham de variadas formas: em artigos publicados, em conferências e discursos, nas colunas *a pedidos*[14] dos jornais e mesmo dentro da literatura. Em seu romance *A Conquista*, de 1897, Coelho Neto (sob o pseudônimo de Anselmo Ribas), assim apresenta o revistógrafo, por intermédio do personagem Luiz Morais, um poeta parnasiano:

– Já conheces o Artur? [...] Excelente rapaz e magnífico poeta. Seria um dos primeiros líricos americanos se, por vezes, não rebaixasse a lira a violão, zangarreando chulas para o populacho. [...] O poeta é sacerdote: oficia para o coração e o Artur não é só poeta, é um grande poeta: natural, correto, suave e brilhante. Acho que não devia escrever para o teatro. Ficasse nos sonetos.
[...]
Eu tenho dito ao Artur: Que diabo! Tu que tens tanto talento porque não deixas essa borracheira de teatro? Escreve versos, que os fazes admiráveis, lida com a tua musa delicada e abandona de vez esse rancho de *cabotins*... Mas o homem está viciado. O escritor habitua-se com o meio que o aplaude e, para não perdê-lo, vai cedendo à larga, até que um dia nivela o seu espírito com o da gente ignóbil e está perdido. É como o homem que se vicia em morfina. Há glórias afrontosas, eu penso assim. O Artur é homem para ser aplaudido por nós, e prefere ao nosso julgamento o barbarismo idiota das platéias. Vício[15].

---

13. D. A. Prado, 1999, p. 106.
14. Sem correlação com o jornalismo atual. Essas colunas, presentes em todas as publicações jornalísticas do Império e primeiros anos da República, serviram muitas vezes de tribuna para discussões literárias.
15. H. M. Coelho Neto, 1921, pp. 267-269.

Como se pode observar, as maiores acusações feitas a Artur Azevedo por seus contemporâneos eram as de que tivesse voltado seu talento para o teatro de revista e nivelado seu espírito com o de seu público para, assim, obter o aplauso "idiota das platéias", e não o de seus pares. A opção feita por Azevedo de dedicar-se ao teatro popular teria sido, portanto, não apenas para os intelectuais da época, mas também para os pósteros, fator determinante da "decadência" da dramaturgia nacional. Ante as contínuas críticas, Artur Azevedo defendia-se com argumentos irrefutáveis, entre eles o de que as paródias e o teatro musicado, na realidade, sempre haviam estado presentes nos teatros nacionais, gozando da total simpatia de nossas platéias.

> Não é a mim que se deve o que o Sr. Cardoso da Mota chama o princípio da *débâcle* teatral; não foi minha (nem de meu irmão, nem de *quelqu'un de miens*, como diria o lobo da fábula) a primeira paródia que se exibiu com extraordinário sucesso no Rio de Janeiro.
> Quando aqui cheguei do Maranhão, aos 18 anos de idade, já tinha sido representada centenas de vezes, no teatro São Luís, *A Baronesa de Caiapó*, paródia d'*A Grã-Duquesa de Gerolstein*. Todo o Rio de Janeiro foi ver a peça, inclusive o Imperador, que assistiu, dizem, a umas vinte representações consecutivas.
> [...]
> Não, meu caro Sr. Cardoso da Mota, não fui eu o causador da *débâcle*: não fiz mais do que plantar e colher os únicos frutos de que era suscetível o terreno que encontrei preparado.
> Quem se der ao trabalho de estudar a crônica do nosso teatro – e para isso basta consultar a quarta página do *Jornal do Comércio* – verá que o desmoronamento começou com o Alcazar[16].

Apesar das críticas, aliás justamente por se distanciar das exigências da elite pensante, o gênero utilizado por Artur Azevedo conquista numerosa platéia e mantém-se com estrutura praticamente inalterada nos palcos brasileiros por mais de duas décadas. Duas questões explicam o sucesso retumbante da revista. Uma delas, como observa o próprio Artur, o terreno já preparado para a apresentação de paródias e espetáculos musicados (*o desmoronamento começou com o Alcazar*[17]), que contribuiu para que a caricatura imediata, proporcionada pelas revistas de ano de Azevedo, encontrasse enorme acolhida, caindo no agrado do público desde suas primeiras apresentações, por volta de 1880. A outra, a situação de caos urbano decorrente das transformações que literalmente assolam a cidade do Rio de Janeiro de fins do

---

16. A. Azevedo, "Em Defesa", *O País*, 16 maio 1904.
17. Teatro carioca inaugurado em 1859, em cujos espetáculos o gênero predominante era o da opereta. "Misto de café-cantante e *vaudeville*, este teatro que ocupava três prédios, tornou-se a mais famosa e ruidosa casa de espetáculos do Rio de Janeiro, tendo sido fechada somente em 1886 e aberto caminho para as paródias e revistas..." *In*: N. Veneziano, 1991, p. 27.

século XIX à primeira década do século XX, caracterizando-a como um espaço marcado por constantes modificações, das quais as revistas de ano, com sua rapidez de imagens, são a melhor tradução. As transformações do espaço urbano englobam desde problemas levantados já em 1875 (drenagem e aterro de pântanos, construção de rede de esgotos e abastecimento de água potável) até a proposta política de embelezamento da cidade para torná-la o "cartão de visitas" da República em ascensão. Segundo uma comissão de engenheiros da qual fazia parte Francisco Pereira Passos, futuro prefeito da cidade, responsável pela efetivação das mais radicais mudanças,

outro problema [...] está localizado no Centro da cidade: a estreiteza e sinuosidade das ruas. Segundo o parecer, essas ruas se constituem em foco de epidemias, pois são mal ventiladas, quase não recebem sol e sua sinuosidade permite o acúmulo de águas, visto que em função de sua geometria irregular, não podem ser aí instalados canos de esgoto. O relatório aponta apenas os problemas, pois as soluções passam obrigatoriamente pela destruição de um grande número de imóveis e isto requer um estudo mais minucioso[18].

Vê-se no relatório (de 1875) as primeiras sugestões de transformação, tendo a demolição, aliás, "destruição" do centro da cidade como única opção de saneamento. Esta posição será defendida por Pereira Passos, cuja estada em Paris (sempre!), onde acompanhara as reformas de Haussmann (aproximadamente 1860-1870), lhe valera o conhecimento e o gosto pelas largas avenidas que, após a política do "bota abaixo" efetivamente levada a termo, serão uma das principais características da nova capital.

E voltamos ao ponto de vista inicial do presente trabalho. Dentro da perspectiva do teatro como tradução da sociedade, as revistas de Artur Azevedo eram, talvez, o reflexo mais provável para o país naquele momento e, certamente, o único possível para a cidade em ebulição. As revistas de ano eram escritas e encenadas para o público citadino da *Capital Federal*, que assistia perplexo às rápidas modificações de seu espaço urbano, a partir das quais a vida, o tempo, tomavam um sentido de urgência, de mobilidade, até então desconhecidos e, de certa forma, assustadores.

É conclusivo o comentário de Flora Süssekind a propósito da relação estabelecida entre a revista azevediana e a sociedade que a cerca:

Viajantes de passagem pelo Rio ou moradores desabrigados e impelidos a viverem pelas ruas, nas revistas assiste-se à transformação dos habitantes em *flâneurs* e à representação dos espaços abertos e públicos, em vez dos "interiores" até então preferidos pelos autores teatrais brasileiros. É como se, subitamente, as casas, espaços domésticos, privacidades, se obscurecessem em função do brilho de um outro personagem: o espaço público. E *é à história da importância crescente deste espaço público cosmopolita na vida brasileira de fins do século passado que se assiste nas revistas de*

18. O. Rocha, 1995, p. 49.

ano. Com uma diferença, porém. Nas revistas vêem-se de modo leve, risonho, transformações vividas cotidianamente com angústia. Nelas, os que se espantam com as mudanças são motivo de galhofa. E os que, no dia-a-dia, assistem a essas mesmas mudanças, passivamente, têm a impressão, ao menos no teatro, de que as dominam[19].

O dia-a-dia, o cotidiano, o espanto popular ante as radicais mudanças que não compreende e contra as quais o cidadão comum não possui defesa são a inspiração das revistas. O *tipo* a ser retratado por Artur Azevedo é, portanto, a própria cidade, cujas transformações impõem transtornos e dificuldades sobretudo à população menos favorecida. Contradizendo a afirmação de que o autor guardava "uma certa distância, não se igualando jamais ao popularesco"[20], é, portanto, do real imediato vivenciado pela população e por sua platéia que Artur Azevedo toma a matéria para seu teatro. Segundo Flora Süssekind, o que se percebe em suas revistas, inclusive, é mesmo uma certa propensão à estética naturalista, levada, entretanto, a seus limites:

> Lá está a Capital, com suas ruas, prédios, monumentos, personagens típicos e mazelas características. Lá estão o ritmo apressado dos passantes, os encontros casuais, as surpresas constantes com as transformações citadinas, a mágica de uma "cidade-alçapão". Lá está a linguagem popular, com seus acentos e gírias habilidosamente teatralizados. Lá está a História miniaturizada num painel anual onde se misturam guerras, personagens "ilustres", eleições, Abolicionismo, República e reclamações do dia-a-dia contra a companhia telefônica, o preço do transporte ou os serviços da limpeza urbana[21].

Azevedo "habilidosamente teatraliza" a linguagem popular, adaptando-a, transportando-a para o palco, o que demonstra seu amplo conhecimento de ambos os veículos: a linguagem popular e o teatro. Em nenhum momento o emprego do "vocabulário e sintaxes vigentes nas casas e nas ruas" é usado "como citação, de maneira a não comprometer jamais sua posição de escritor erudito e gramaticalmente correto"[22], muito pelo contrário, o pacto do autor sempre foi com sua platéia, e era exatamente esta a maior acusação que lhe era imputada.

Embora pactuasse com sua platéia e não com a intelectualidade, embora fosse um autor eminentemente popular, Artur Azevedo jamais deixou de se preocupar com a qualidade do teatro brasileiro, preocupação esta da qual suas revistas e comédias são a maior prova. Ao longo de sua carreira de revistógrafo, traduziu, para a população carioca, "de modo leve, risonho, [as] transformações vividas cotidianamente com angústia". Seu único "defeito" foi traduzir esta angústia via riso. A negação de sua qualidade pela crítica erudita, na qual o próprio au-

19. F. Süssekind, 1986, p. 39.
20. D. A. Prado, 1999, p. 106.
21. F. Süssekind, 1986, p. 79.
22. D. A. Prado, 1999, p. 106.

Artur Azevedo e sua obra, em ilustração de Trinaz Fox. Arquivo: Geteb.

O Mamembe, em ilustração de Trinaz Fox. Arquivo: Geteb.

tor aparentemente acreditou, nada mais é do que o mesmo preconceito contra o teatro popular já apontado anteriormente.

A partir do sucesso de suas revistas de ano, entretanto, outros autores, menos preocupados com a interpretação das questões populares do que com a bilheteria, abandonam a via política e caricatural do gênero para se aproximarem, cada vez mais, em seus roteiros de revistas, da malícia sensual, o que parecia grosseiro mesmo para Azevedo. Com o desvirtuamento das características das revistas, Artur Azevedo começa a se desgostar do gênero por ele tão bem explorado. O sucesso popular alcançado pela nova vertente é de tal monta que faz com que o próprio Artur não consiga mais encontrar teatro para encenação de suas obras: sua revista do ano de 1907, *O Ano que Passa*, é publicada, por quadros, no jornal *O País*, por falta de "empresários interessados em montar revistas de ano"[23]. Os esforços do autor em prol da manutenção da cena nacional voltam-se, a partir de então, apenas para os dramas e comédias.

> Artur Azevedo não tinha esperado por semelhante resultado. A sua consciência de artista sentiu-se melindrada diante das conseqüências de sua alegre fantasia. Retraiu-se, então, numa atitude inolvidável, o feliz tradutor de Molière e, abrindo mão larga das regalias materiais que o seu incontestável domínio tornaria efetivas enquanto vivesse, iniciou a regeneração do teatro brasileiro[24].

A revista do ano de 1907 foi a última escrita por Azevedo. No mesmo período surgem ainda, de sua autoria, *O Genro de Muitas Sogras* (1906), *O Dote* (1907) e, especialmente para a mostra dramática da Exposição Nacional de 1908, o autor escreve *Vida e Morte*, drama que marca sua despedida teatral – Artur Azevedo morre em outubro desse ano, imediatamente após as apresentações da Exposição.

A Comédia de Costumes

Se Artur Azevedo tivesse composto óperas em vez de revistas, jamais teria sido submetido às acerbas críticas com que sempre se defrontou durante sua carreira. O que fez, no entanto, com que o revistógrafo fosse continuadamente apontado como o grande causador da "decadência da dramaturgia nacional"? Na verdade, o "defeito" do teatro de Azevedo não era, para seus contemporâneos, a música, mas sim o riso, o mesmo riso que despertavam as farsas e comédias, também desconsideradas como "arte dramática" pelos intelectuais da época.

Mas, qual o problema com esse riso? Seria seu apelo popular? Seria seu confessado objetivo de agradar? Seria seu aparente distan-

---

23. F. Süssekind, 1986, p. 274.
24. O. Lopes, *O Teatro Brasileiro, seus Domínios e Aspirações*, 1920, p. 40. Conferência realizada na Biblioteca Nacional em 23 de setembro de 1914.

ciamento das questões "sérias" da vida? Certamente, o "problema" eram todas estas questões juntas. Assim como as artes trágicas, para Sócrates, incluíam-se entre as "artes aduladoras, que não representavam o útil, mas apenas o agradável"[25]; nossas comédias de costumes, para nossos intelectuais, não possuíam nenhuma utilidade, sendo produzidas com o fito único de agradar, e o que é pior, agradar ao mesmo tipo de platéia para a qual escrevia Artur Azevedo.

Quanto ao objetivo de agradar, este é, classicamente, um dos objetivos da arte. Em relação à utilidade, desde Aristófanes, um dos propósitos confessados da comédia foi o de chamar a atenção das platéias sobre os *desvios*, os erros nos quais estariam incorrendo grupos sociais, vistos como um todo, ou determinadas *personagens* daquela sociedade. Sendo assim a comédia, necessariamente, deveria ser, como afirmava Cícero, "uma imitação da vida, um espelho dos costumes e uma imagem da verdade"[26], tendendo a uma ligação direta e imediata com a platéia, sob pena de, se não o fizesse, não alcançar o objetivo "útil" de correção dos eventuais *desvios*.

A comédia de costumes brasileira se propôs ao longo de sua história tanto ao objetivo de fazer rir, de agradar, quanto ao de corrigir, pela exposição ao ridículo, diferentes *desvios de conduta*, peculiares a grupos ou indivíduos que lhe fossem contemporâneos. O que não se lhe perdoou, portanto, foi que o *espelho*, a *imitação* a que se tivesse proposto fosse da vida e dos costumes das platéias populares, e não do Brasil ideal que se queria inventar. Nossa comédia pôs em cena, preferencialmente, desde Martins Pena, os roceiros, não os fazendeiros; os meirinhos, não os juizes togados; os suburbanos, não os cosmopolitas; as "caixeirinhas", não a *high society*. O ostracismo a que o gênero foi relegado por nossa "crítica especializada" explica-se, portanto, pelo mesmo preconceito de que vimos falando em nosso trabalho.

E por que a opção preferencial pelas platéias populares? Bem, inserem-se aqui duas questões que explicam e justificam esta escolha de nossos comediógrafos: uma delas é que, provavelmente, não conseguiriam conquistar as platéias *chics*, cujo "francesismo" era quase atávico, se o ponto de vista de suas comédias não fosse o daquele Brasil ainda a ser inventado. Aliás, mesmo que o fizessem, esbarrariam no preconceito (também atávico) dos intelectuais contra qualquer peculiaridade especificamente nacional em nossos palcos, preconceito este, de certa forma, explicado no seguinte comentário de Magalhães Júnior:

> A aversão dos intelectuais de então pelo nosso teatro ou pelas medidas em seu favor era, em alguns, como em Antônio Torres, o resultado de um preconceito de raça, de um complexo de timidez, de uma desconfiança na capacidade de nossa gente, de um

25. F. Nietzsche, 1992, p. 87.
26. V. Arêas, 1990, p. 18.

espírito por assim dizer colonial, muito embora tivesse rompantes de um jacobinismo unilateral, dirigido quase tão somente contra os portugueses[27].

Essa afirmação ressalta exatamente os pontos chave de nosso esnobismo intelectual: nossa elite não nos perdoava sermos todos, de fato, miscigenados e não arianos, colonizados e não colonizadores. Sendo assim, seu "jacobinismo" voltava-se, então, para a origem de nossas "desgraças": o colonizador português, e jamais para o mito de civilização francês.

A segunda questão é inerente ao próprio gênero cômico, cujas intenções de crítica comportamental são confessas e que, segundo Bergson, exatamente por isso, "é a única de todas as artes que tem por alvo o geral"[28], e não o individual. Ou seja, se um dos objetivos da comédia é a correção de nossos inumeráveis *desvios*, é de sua natureza não apenas tratar as personagens que retrata como *tipos* não individualizados – cujas características tornem facilmente identificáveis seu grupo de origem, com seus erros coletivos ou particulares – como buscar alcançar o maior número possível de espectadores, de modo a efetuar a idealizada correção no maior número possível de *desviados*.

Ainda para Bergson, "um defeito que se sinta ridículo, procura modificar-se, pelo menos exteriormente"[29], e a função da comédia seria a de apontar este ridículo de modo a, pelo riso, promover a correção do defeito.

> A comicidade é aquele aspecto da pessoa pelo qual ela parece uma coisa, esse aspecto dos acontecimentos humanos que imita, por sua rigidez de um tipo particularíssimo, o mecanismo puro e simples, o automatismo, enfim, o movimento sem a vida. Exprime, pois, uma imperfeição individual ou coletiva, que exige imediata correção. O riso é essa própria correção. O riso é certo gesto social, que ressalta e reprime certo desvio especial dos homens e dos acontecimentos.

O que se exprimiu em nossos palcos foram justamente nossos desvios coletivos, essencialmente cômicos, que suscitavam o riso também coletivo a propósito de características bastante peculiares (e risíveis) de nossa sociedade e de determinados tipos que a ela pertenciam. Para representar com a necessária eficácia estas peculiaridades a serem ressaltadas e corrigidas, a forma preferencial diante da qual se rendeu nosso riso foi a da comédia de costumes.

A comédia de costumes tem suas raízes fincadas na Grécia Clássica, especificamente na *Comédia Nova*, que insere características cotidianas no modelo clássico aristofanesco. Segundo John Gassner, a *Comédia Nova* seria marcada pela "repetição de rapazes apaixonados

---

27. R. Magalhães Júnior, 1966, p. 113.
28. H. Bergson, 1983, p. 79.
29. *Idem*, p. 18.

por moças, pais perturbados pelo comportamento dos filhos, servos intrigantes que assistem a um ou outro lado e parentes perdidos há muito tempo"[30] e, além disso, pelo amor romântico, inexistente no teatro cômico até então.

O amor romântico, por muito tempo mantido fora do teatro cômico, foi acrescentado ao estoque de situações dramáticas e em breve passou a dominar o riso teatral, como tem feito até os nossos dias. Acima de tudo, a comédia principiou a empregar a arte da caracterização. As modernas peças de caracteres e comédias de costumes nasceram na segunda metade do século IV a. C.[31]

Outra inovação é que suas personagens passaram a possuir motivações mais individuais que suas antecessoras da *Comédia Antiga*, além de comportar-se "com uma plausibilidade que até então não preocupara os escritores de comédia"[32]. Será esse, com variações e adaptações, o formato geral de nossa comédia, desde Martins Pena até o momento analisado.

Nosso primeiro grande escritor teatral foi o já citado comediógrafo Luís Carlos Martins Pena – que escreve para os palcos de 1838 a 1848. Suas farsas e comédias já apontam a trilha que será seguida por inúmeros sucessores: sua obra se debruça, por exemplo, sobre os *desvios* inerentes a profissões (*O Juiz de Paz na Roça*; *Os Três Médicos*; *Os Meirinhos*), tipos (*O Namorador, ou a Noite de São João*; *Ciúmes de um Pedestre* – paródia do *Otelo*) e situações (*Os Dous ou o Inglês Maquinista*; *As Casadas Solteiras*; *As Desgraças de uma Criança*), entre outros assuntos ressaltados pelo mesmo viés. Os romancistas José de Alencar e Joaquim Manuel de Macedo também tiveram, por sua vez, êxitos teatrais em comédias como, por exemplo, *O Rio de Janeiro (Verso e Reverso)* e *O Demônio Familiar*, de Alencar ou *A Torre em Concurso*, de Macedo.

Na década de 1880, a Corte aplaudia as comédias de Joaquim José da França Júnior, nas quais via retratadas a instabilidade econômica e as falcatruas políticas tão comuns no período imediatamente anterior à queda do Império. De sua comédia *As Doutoras* (1889), já comentada neste estudo, constam diversas reapresentações, por diferentes companhias, em todo o período abordado.

Enfim, se os dramas realistas do século XIX são datados o suficiente para não permanecerem no repertório encenado nos primeiros anos do século XX, o mesmo não se dá com as comédias de costumes, que são sistematicamente reapresentadas até os nossos dias. Esse fato permite-nos considerar que, efetivamente, a herança da dramaturgia cômica brasileira foi mais consistente para os autores da posteridade do que a dos

---

30. J. Gassner, 1974, pp. 105-106.
31. *Idem, ibidem.*
32. *Idem, ibidem.*

dramas. Ao iniciarem suas carreiras durante a Primeira República, Coelho Neto, Gastão Tojeiro, Cláudio de Souza, Abadie Faria Rosa, Oduvaldo Viana, Viriato Corrêa, Armando Gonzaga e tantos outros contavam com uma real tradição no terreno da composição de comédias a qual, somada ao acentuado gosto popular pela comicidade, auxiliará o aspecto de continuidade das produções do gênero.

O legado de boa qualidade estrutural e tradicional abordagem temática de questões mais populares deixado pelos comediógrafos precedentes, cujas obras eram, de modo geral, êxitos de bilheteria, explica a maior facilidade de encenação encontrada pelos autores cômicos, em detrimento dos dramáticos, nos primeiros anos do século XX. Devido à reconhecida popularidade do gênero, era muito mais viável para um empresário da época considerar a possibilidade de programar, em seu teatro ou companhia, a encenação de comédias nacionais do que a encenação de dramas. Assim, num círculo de trocas, o fato de terem suas comédias encenadas fará também com que os comediógrafos nacionais possam cada vez mais aprimorar sua carpintaria a partir das reações do público, ou mesmo de sua própria visão dos efeitos e defeitos do texto.

O "Descompromisso" Cômico

Como observamos anteriormente, é da própria natureza da comédia, por seus objetivos primeiros, visar antes ao geral que ao individual, para alcançar a pintura de *tipos* necessária à correção dos eventuais *defeitos* sociais. Para possibilitar a identificação da platéia com os tipos retratados, é fundamental, portanto, que estes tipos guardem grande semelhança com *personagens* facilmente reconhecíveis da comunidade e, sendo assim, a pintura da personagem teatral necessariamente deverá se fazer a partir dos traços mais externos ou, se preferirmos, superficiais de seu modelo.

Ou seja, enquanto um autor, digamos "trágico", assinala individualidades, o autor cômico assinala semelhanças; o gênero de observação a ser utilizado na comédia será, portanto, o da realidade imediata, exterior ou, como dirá explicitamente Bergson,

é sobre outros homens que essa observação se exercerá. Mas, por isso mesmo, a observação assumirá um caráter de generalidade [...]. Porque, instalando-se na superfície, não atingirá mais que o envoltório das pessoas, aquilo por onde várias delas se tocam e tornam-se capazes de se assemelhar. Não irá além disso. E mesmo que o pudesse, não o quereria, porque não teria nada a ganhar. Penetrar muito fundo na personalidade, relacionar o efeito exterior a causas muito íntimas, seria prejudicar e finalmente sacrificar o que o efeito tinha de risível. É preciso, para que sejamos tentados a rir dele, que lhe localizemos a causa numa região intermediária da alma. Por conseguinte, é necessário que o efeito nos surja no máximo como meio, como exprimindo uma humanidade mediana[33].

33. H. Bergson, 1983, p. 87.

Isto posto, podemos concluir que a artificialidade das tramas, a superficialidade da observação, a trivialidade no tratamento dos temas, enfim, que todos os argumentos continuamente usados como munição pelos detratores das comédias de costumes tão a gosto da época não apenas são algumas das definições da *Comédia Nova*, criada no classicismo grego, como encontram-se na raiz da própria comicidade. Tais características, presentes em nossa produção cômica, não refletem, portanto, em absoluto, uma eventual superficialidade inerente a nossos comediógrafos, mas especificidades do gênero por eles utilizado dentro da mais pura tradição cômica.

Em sua aparente trivialidade, diversos foram os *desvios* apontados em nossas comédias durante a Primeira República; entre eles, um dos maiores foi, como vimos, nossa falta de nacionalismo. Inúmeras peças citam o culto das aparências entre os principais defeitos de nossa *belle époque*; outras criticaram grupos e/ou situações específicas, mas uma das características do gênero sempre presente nas obras da época é a punição desses defeitos ou desvios, das extravagâncias e excessos com a exposição das falhas ao ridículo. Enfim, nossas *comédias de costumes* retrataram, de fato, os tipos e costumes a serem observados e corrigidos em seu tempo, alguns dos quais comentaremos agora.

Artur Azevedo, que, por meio das revistas de ano, já deixara um imenso painel da vida carioca na virada do século, também nas comédias continua, em menor escala, a pintar o irônico retrato de seus contemporâneos e suas idiossincrasias. No alvorecer do século XX, as platéias cariocas assistem a *O Retrato a Óleo* (Recreio, 26 de dezembro de 1902) – cuja figura central é um médico ansioso pelo reconhecimento público; a *O Mambembe* (Apolo, 7 de dezembro de 1904), burleta em que Azevedo descreve, com imensa simpatia e carinho, a difícil vida dos profissionais de teatro brasileiros de seu tempo, e a *O Dote* (Recreio, 8 de março de 1907), baseada em crônica de Júlia Lopes de Almeida, na qual é abordada a delicada questão da divisão financeira no interior do casamento.

Como se verá a seguir, inúmeros outros comediógrafos registrarão em suas peças as idiossincrasias de nossa sociedade. Em *O Relicário* (Lucinda, 24 de maio de 1899), Coelho Neto debruça-se sobre várias características da época, como a proibição às manifestações da umbanda e similares, além de trazer para a cena outra das peculiaridades de nossa sociedade patriarcal: o adultério. A trama gira em torno do possível furto de um relicário de Engrácia (uma descendente de índios canibais), na realidade ofertado por seu marido, Severo, à amante: a "espaventada" Lola. O convencional criado, sempre presente na *Comédia Nova*, é aqui representado por Tomásia, mulatinha "sestrosa" que funciona como elo de ligação entre os patrões e a casa de quimbanda, além de advogar os namoros de Carmen, a filha do casal.

Este autor demonstra, em sua obra, especial atenção para as extravagâncias, as quais pune, inevitavelmente, com o ridículo inerente ao gênero: sofrem com sua fina ironia a empáfia gramatical (professor Severo – *O Relicário*), o delírio do rejuvenescimento (Fortuna – *Quebranto*), e todas as atitudes, enfim, que revelassem o culto de uma aparência alienada do que se é.

As Obras do Porto (1904), primeira comédia de Gastão Tojeiro, um dos (se não *o*) mais prolíficos comediógrafos da Primeira República, já sugere aquela que será a maior característica de sua vasta obra: o flagrante, a observação do fato imediato. Esse era o mote de Tojeiro: o tema de suas comédias era o acontecimento recente, próximo da platéia – o ídolo de cinema (*Os Rivais de George Walsh*), a guerra em curso (*Os Aliados*, *As Sogras dos Aliados*...) –, tudo, enfim, que lhe permitisse voltar um espelho irônico em que seus contemporâneos vissem a imagem de seu próprio ridículo.

Gastão Tojeiro escreveu, em geral, comédias e *vaudevilles* e, desde sua estréia até meados da década de 1930, suas peças eram garantia de sucesso para as companhias e de boas risadas para o público. Apesar do grande número de comédias escritas pelo autor, é, no entanto, bastante reduzida a quantidade de textos dos quais conseguimos dispor para leitura. Entre os mais relevantes encenados no período, foram encontrados *Onde Canta o Sabiá* e *O Simpático Jeremias* (Trianon, 28 de fevereiro de 1918), constante no repertório de Leopoldo Fróes durante toda a sua carreira teatral.

O *Jeremias* do título é o criado-filósofo de uma pensão em Petrópolis. Por esta pensão passam o casal formado por um homem mais velho com a companheira bastante jovem; um pai americano e sua filha, com muitos dólares e nenhuma educação; um pai brasileiro – falido – com o filho que se apaixona pela americana; o "esperto" empregado brasileiro do rico americano e uma criada que, a toda hora, ameaça se demitir. Numa época de grandes estrelas de teatro (Procópio estrearia profissionalmente em 1919), a grande personagem é a de Jeremias – interpretado por Leopoldo Fróes –, o criado que permite a solução dos conflitos que envolvem as outras personagens. A linhagem da qual descende Jeremias é a mesma do *Scapin* e sua figura lembra muito a do vagabundo-filósofo criado por Charles Chaplin no mesmo período.

Na mesma linha, *Eu Arranjo Tudo* (Trianon, 22 de novembro de 1915), de Cláudio de Souza, narra as peripécias de Bernardo, um "faz-tudo" que confunde todas as tarefas que lhe encomendam mas, apesar disso, consegue sempre solucionar os problemas que vão surgindo. Bernardo, porém, não se enquadra no perfil do *malandro* carioca, comum em nossa dramaturgia; aqui, também, a personagem estaria mais ligada à tradição cômica do *Scapin*, de Molière ou, talvez, mais proximamente ao Carlitos chapliniano, com sua ingenuidade que tanto o coloca nas situações complicadas quanto o tira delas.

O comediógrafo Gastão Tojeiro.

Capa da primeira edição de *O Simpático Jeremias* (1918), de Gastão Tojeiro.

CLUB DRAMATICO L. RECREATIVO

GRANDE ESPECTACULO

Sabbado — 23 do corrente — Sabbado

Empolgante festival organisado especialmente por uma commissão de senhoras em beneficio dos pobres desta localidade, com a representação da notavel comedia em 3 actos de Gastão Tojeiro, intitulada:

— O Simpatico Jeremias —

Um dos maiores successos do inesquecivel actor brasileiro **Leopoldo Froês** no Trianon do Rio de Janeiro, em 1918.

Successo unico, com a seguinte distribuição:

Jeremias Taludo	José Granada Anselmo
Douglas Bradyngs	João Baptista Fernandes
Felix Targino	Geraldino Zarro
Bernardo Montana	João da Silva Campos
Octavio	Dr. Elso Nunes
Arthur	José Dias
Christovão	Bartholomeu Barra
Magdalena	Srta Laura Campos
Violeta	" Helena Ferreira
Laura	" Suzette Buonomo
Elisa	" Almy M. Thurler

PANNO—SEBASTIÃO RABELLO   CONTRA REGRA—ANDRAL VIEIRA

Acção em Petropolis. Scenarios ultra-modernos do habil artista Gaucho. Guarda-roupa a rigor.

Finalisará o espectaculo um electrisante acto variado no qual tomarão parte elementos destacados do nosso Corpo-scenico.

VERDADEIRO SUCCESSO!

Feérie—Deslumbramento—Alegria Sã—Moralidade Absoluta

NA ORCHESTRA, FAR-SE-Á OUVIR COMO SEMPRE, O VIBRANTE E APRECIADISSIMO ELITE JAZZ

Previnam-se de localidades!

Preços — CADEIRA 3$000
CAMAROTES DE 5 CADEIRAS 15$000

Bilhetes desde já á venda na Pharmacia Franco

TODOS AO THEATRO!

A COMMISSÃO

FOTO CEDOC/ACERVO FUNARTE

Cartaz de *O Simpático Jeremias* (1918), de Gastão Tojeiro, em remontagem de 1937 do Club Dramático L. Recreativo, RJ. Arquivo: Cedoc – Funarte.

No desenrolar da peça, são comentados diversos costumes da época, principalmente da gente de teatro – a protagonista é uma atriz famosa às vésperas da apresentação de seu *benefício*. Entre os hábitos dos bastidores, aparecem o aluguel das *claques* para os aplausos finais e a rivalidade entre duas atrizes, fato constante em nossa história teatral.

Outro costume bem brasileiro que não escapa à exposição cômica do autor é o da mania dos títulos:

BERNARDO – ...ouça: nunca me chame de doutor.
PORTEIRO – Desculpe, "seu" coronel...
BERNARDO – Nem coronel. Sou o único homem no Brasil que não tem título. Sou... sou... só... "seu" Bernardo! (A. II, c. III)[34]

O vício do jogo, ainda permitido no Brasil na época da estréia, também passa pelo crivo da comédia. O segundo ato é ambientado no *foyer* de um cassino, onde Bernardo aprecia os jogadores que entram e saem das salas tentando sempre recuperar o que perderam.

O jogo, sobretudo o jogo do bicho, é, aliás, assunto freqüente nas obras do período. Entre as comédias que se referem a este costume podemos citar *Os Raios X* (Cassino Fluminense, 20 de setembro de 1897) e *O Relicário* (1899), de Coelho Neto, e ainda *Deu o Pavão* (Bijou Salão, SP, 1913), de João Pinho, e *O Bicheiro* (Bijou Salão, SP, 1913), de A. Elias da Silva. Pode-se mesmo concluir, como afirma Miroel Silveira, que o jogo "na ocasião deve ter empolgado os apostadores tanto ou mais que hoje, a julgar pelo número de obras que a ele fazem referência"[35].

Entre os diversos comediógrafos que estrearam no período abordado destaca-se também o nome de Armando Gonzaga, autor, entre outras, de *O Ministro do Supremo* (Trianon, 5 de dezembro de 1921) e da já citada *A Flor dos Maridos*. Tanto quanto o de Gastão Tojeiro, o humor de Gonzaga é leve e despretensioso, suas comédias são estruturalmente bem armadas, com diálogos rápidos e fluentes, demonstrando intimidade com a construção teatral e, principalmente, com o filão cômico. Os quadros sociais pintados por Gonzaga são envolvidos por fina ironia, com sua crítica incidindo, em particular, sobre os comportamentos marcados pela hipocrisia ou pela excessiva ambição.

Entre suas peças que apontam o culto das aparências como uma das principais características da *belle époque* tropical, poderíamos citar *O Ministro do Supremo*, cuja ação transcorre em torno do desejo de ascensão social de Ananias, de sua mulher, Genoveva, e da filha mais nova, Nini.

Nesta comédia, Ananias, empregado forense já bastante endividado, convida para jantar um senador da República, com o objetivo de conseguir, com sua ajuda, uma vaga de ministro do Supremo Tribunal.

34. C. Souza, 1920, p. 75.
35. M. Silveira, 1976, p. 177.

Para melhor impressionar o convidado, manda pintar a casa, troca todo o mobiliário da sala e faz mais dívidas (pela "bagatela" de 35% de juros ao mês). A comicidade do texto reside em boa parte no fato de que Ananias, desde a efetivação do convite, passa a comportar-se já como ministro indicado, no que é acompanhado por Genoveva e Nini. Do delírio ministerial do pai salvam-se a filha mais velha e a sogra, D. Constança, única a lembrar a impossibilidade de tantos gastos: "Seu pai tem posses para sustentar uma vida assim? É só aparência...", ao que Nini retruca: "...Todo mundo deve. Não somos os únicos..."[36].

Ocorre porém que o Senador Moura não só já havia tentado conseguir a vaga para si, como também tinha perdido a própria cadeira no Senado. Em pleno desespero, o endividado Ananias é salvo pelo surgimento de uma herança deixada para Vicente, o moleque da casa, do qual é nomeado tutor. Bastante reapresentada pela companhia da qual fez parte Procópio Ferreira no início da carreira, *O Ministro do Supremo* foi o primeiro sucesso do comediógrafo de que temos notícia.

Como vimos observando, portanto, os temas abordados nas comédias ora analisadas podem comprovar, ao contrário do que vem sendo afirmado pelos estudiosos em geral, o propósito efetivo de descrição crítica dos tipos, situações e questões de seu tempo.

Finalmente devemos referir-nos ao final da década de 1920, período de pós-guerra por todos acusado de frívolo e inconsistente. Pela especificidade de tratar-se de um momento único na história da humanidade, Miroel Silveira expõe uma razão inteiramente plausível para uma possível opção de "desvinculação" feita pelos autores da época:

> [...] Queria-se uma vida urgente, cheia de sensações (já que tínhamos escapado da hecatombe bélica mundial), vida onde a emoção, a reflexão, quase não cabiam. O dia seguinte não pertencia a ninguém – era preciso aproveitar.
> A influência desse estado de espírito, que progressivamente se tornou dominante nos anos seguintes, vinculou fundamente nosso teatro, impondo-lhe o gosto pelas comédias cada vez mais ligeiras e inconseqüentes, desligadas quase sempre de raízes sociais, utilizando esquemas de tipos padronizados – o marido bilontra, a esposa ciumenta, a empregada sestrosa, a vizinha faladeira, etc. – funcionando com o objetivo único de fazer rir, a qualquer preço[37].

Considerando a hipótese de que de fato tivesse havido uma desvinculação entre a comédia de costumes e seus objetivos primeiros, o que não detectamos nos textos analisados, esse "descompromisso" poderia ter sido, portanto, uma forma de escamotear as tensões provenientes das modificações ocorridas no panorama mundial e a possibilidade de novos conflitos, o que não deixaria de caracterizar, novamente, o tipo de dramaturgia adotado como um reflexo daquela sociedade, àquele momento.

36. A. Gonzaga, s. d., p. 2.
37. M. Silveira, 1976, pp. 213-214.

De modo geral, entretanto, a comédia de costumes brasileira cumpriu também o seu papel buscando corrigir todos os *desvios* apresentados por nossa sociedade. Críticos, irônicos, impiedosos na caricatura dos *tipos* de seu tempo, os comediógrafos nacionais, no entanto, sempre demonstraram para com os personagens que descreviam uma imensa compreensão. Em Azevedo, Coelho Neto, Tojeiro, Cláudio de Souza ou Gonzaga percebe-se, juntamente com a crítica dos costumes, uma enorme simpatia por seus modelos, uma grande benevolência para com as falhas de seus personagens (de seus contemporâneos, em última instância).

Poucas coisas são tão humanas quanto a sensação ou o medo do ridículo, e é exatamente esse, como vimos, o material básico da comédia. Nossa sociedade, com seu culto da aparência, com sua autodepreciação associada à incondicional admiração pelo estrangeiro, não poderia escapar de uma avaliação cômica. Lado a lado com a consciência do aspecto burlesco de nossas misérias, contudo, transparecia geralmente em nossas comédias essa compreensão quase paternal, por parte dos autores, do ridículo a que se expunham aqueles que os cercavam. Talvez tenha sido exatamente essa humanidade, presente na comédia, o principal fator a determinar que o gênero sempre levasse aos teatros as sociedades por ele retratadas, mesmo com a consciência de que o que lhes seria oferecido seria a possibilidade de rir de si próprias.

MELODRAMA: A EMOÇÃO RASGADA

Ao abordar o tema do teatro popular no Brasil, não se poderia deixar de citar o gênero melodramático, nem tanto por sua importância como produção dramatúrgica brasileira, já que eram de modo geral representadas traduções e/ou adaptações de peças em sua maioria francesas, mas pelo grau de receptividade de nossas platéias ao gênero desde suas primeiras manifestações no país.

Utilizado ininterruptamente por João Caetano (durante os últimos quinze anos de carreira do ator, em meados do século XIX), o gênero melodramático adentra o século XX por meio de representações por diversas companhias teatrais em atividade no período e, curiosamente, em apresentações circenses.

Com a ajuda de estudos já realizados, como por exemplo *Noites Circenses*, de Regina Horta Duarte, e de levantamentos levados à efeito pelo Grupo de Estudos e Pesquisa em Teatro Brasileiro, em São João Del Rei, podemos afirmar que no país em geral, sobretudo nas cidades do interior (de Minas Gerais em particular), o gênero melodramático foi extremamente popular durante fins do século XIX e nas primeiras décadas do XX.

A partir da década de 1910, de modo geral, os melodramas eram encenados, no Rio de Janeiro, quando os empresários ou as companhias precisavam de dinheiro. O gênero então era preferencialmente escolhido por seu evidente apelo popular. Conforme afirma Mário Nunes, o empresário Eduardo Vitorino, após a investida no teatro "sério", com a temporada de 1913 do Teatro Municipal, "com propósitos nitidamente comerciais, organizou e manteve, por dois meses, uma companhia dramática popular que se instalou quase fora de portas, no Politeama, casa de espetáculos situada na Avenida do Mangue"[38], ou seja, não apenas empresários menos preocupados com os dramas realistas, mas todos os profissionais que se vissem em situação financeira aflitiva recorriam ao sucesso do gênero para uma momentânea recuperação.

Da companhia em questão participava, entre outras figuras de destaque na época, a atriz Apolônia Pinto, mas de modo geral, a preocupação na formação do elenco era principalmente em arregimentar atores que soubessem "de cor e salteado o repertório que ali seria encenado, o que permitiria à companhia mudar de cartaz todas as semanas"[39], algo que possibilitava a convivência de atores de primeiro time, como Apolônia, com outros que apenas "soubessem de cor" os papéis a serem representados.

Assim Mário Nunes descreve as companhias, seu repertório e seu público:

> Foram representadas, entre outras, *O Guarani*, *A Cabana do Pai Tomás*, *O Comboio Nº 6*, *O Conde de Monte Cristo*, *Os Dois Garotos*, *As Duas Órfãs*, *Amor de Perdição*, *A Filha do Mar*, *O Anjo da Meia Noite*, *José no Telhado*.
> Esse era o repertório habitual dos chamados "mambembes", companhias de elementos heterogêneos – o muito bom e o muito mau – formadas quando as circunstâncias eram julgadas favoráveis, para atuar no Rio, ou para percorrer os Estados, o que, temporariamente, amenizava as agruras do famélico artista nacional.
> Eram dramas, dramalhões, alguns tremendos, que as platéias populares estimavam até o delírio. Não há dúvida que esses conjuntos dramáticos, herança do século passado, elencos e repertório, muito concorreram para manter vivo o interesse do povo, e alargá-lo, pelas representações teatrais[40].

Como seriam, porém, esses "dramas e dramalhões que as platéias populares estimavam até o delírio", demonstrando sua afinidade com o público brasileiro? Que teria havido com o gênero, que vai desaparecendo dos teatros nas décadas de 1920 e 1930?

Respondendo à questão inicial, devemos afirmar que a importância do melodrama no Brasil, em si, ainda não foi devidamente estudada e sua descendência em nossa dramaturgia, assim como seus desdobramentos na cultura literária brasileira padecem, do mesmo modo, da falta de respaldo de pesquisa mais aprofundada que nelas detectem

---

38. M. Nunes, 1956, vol. 1, p. 48.
39. *Idem*, p. 49.
40. *Idem, ibidem*.

suas raízes e influências. Faremos aqui, portanto, um breve esboço formal do gênero, em paralelo com um tipo de literatura de estrutura similar, o romance de *folhetim*.

O romance de *folhetim*[41] e seu "irmão" cênico, o melodrama, surgiram na França, quase concomitantemente, no alvorecer do século XIX e apresentam raízes e estruturas formais similares. Segundo Arnold Hauser,

> O folhetim dirige-se a um público tão multiforme e recentemente constituído como o melodrama ou o *vaudeville*; rege-se pelos mesmos princípios formais e critérios estéticos que o teatro popular seu contemporâneo. A predileção pelo exagero e pela audácia, pela crueza e excentricidade, é uma influência precisamente tão decisiva no estilo de apresentação, como natural; os assuntos mais populares giram em torno de seduções e adultérios, de atos de violência e crueldade. Também na novela, como no melodrama, os personagens, como o enredo, são estereotipados e construídos de acordo com um padrão pré-estabelecido. A interrupção da história no fim de cada número da série, o problema de criar de cada vez um clímax que desperte no leitor curiosidade pelo número seguinte levam o autor a adquirir uma espécie de técnica do tablado e a apropriar-se do método descontínuo do dramaturgo, de apresentação do assunto em cenas distintas[42].

Para o autor, como vemos, a estrutura folhetinesca implica mesmo uma certa teatralização, uma "apropriação do método descontínuo do dramaturgo", o que marca mais uma vez a similitude entre os dois gêneros.

Quanto à temática, além das "seduções e adultérios, de atos de violência e crueldade", presentes invariavelmente, verifica-se também no melodrama duas inspirações principais:

> Uma, derivada da temática do drama burguês e da comédia lacrimosa, evocará sobretudo os dramas de famílias: heranças, casamentos secretos, desonras, maldades, roubos, crianças perdidas e reencontradas...
> A outra, prolongando os ideais da tragédia e do drama histórico, utilizará esta mesma temática num contexto histórico ou heróico, sublinhando o aspecto espetacular do retorno ao passado e do exotismo na encenação[43].

Tanto quanto os do folhetim, "os personagens do melodrama, como o enredo, são estereotipados e construídos de acordo com um padrão preestabelecido"; pela própria especificidade teatral, seu desenvolvimento em cena implicará, todavia, em diferenciações não pertinentes ao gênero literário folhetinesco.

Costumam ser utilizados nos melodramas monólogos de certa forma explicativos, que pertencem a dois tipos básicos: o *recapitulativo*,

---

41. Publicado em capítulos diários nos jornais, era assim chamado devido à parte do jornal que lhe era destinado na França.
42. A. Hauser, 1980-1982, p. 895.
43. J. M. Thomasseau, 1984, p. 25.

inserido no começo do primeiro ato, de modo a colocar o espectador a par das numerosas peripécias que precederam o início da intriga e dito em geral por personagens neutras (um empregado, por exemplo), e o *patético*, menos funcional, com o objetivo de suscitar ou manter o *páthos* da ação. Percebe-se também um grande número de *apartes*, geralmente utilizados pelo vilão para colocar o espectador ao corrente da intriga e de suas verdadeiras intenções[44].

O melodrama utiliza-se ainda de *perseguições* (há sempre algum inocente injustamente perseguido pelo vilão ao longo de toda a peça), dos *equívocos*, que tanto podem se dar a partir de fatos (cartas extraviadas, perdidas, reencontradas, encontros desfeitos, falsos endereços...) quanto de pessoas (substituições de crianças, semelhanças fortuitas ou premeditadas, usurpação de qualidades ou de títulos...), e do *reconhecimento* (nas cenas finais), no qual a voz do sangue é apresentada como uma das formas da Fatalidade, da qual não se escapa, e que cria um jogo de preparação patético e dramático bastante utilizado no melodrama: o pressentimento.

O melodrama clássico coloca deliberadamente o desenvolvimento das intrigas amorosas em segundo plano. Na ética melodramática, o amor-paixão é uma falta contra a razão e o bom senso, um fator de desequilíbrio pessoal e social que toca essencialmente os traidores e tiranos; em sua escala de valores o amor é colocado bem atrás do senso de honra, da devoção patriótica e do amor filial e/ou maternal.

O formato estrutural do folhetim e/ou melodramas encenados no país a partir da década de 40 do século XIX, assim como as temáticas abordadas, são na realidade muito visíveis em diversas obras literárias e dramatúrgicas ao longo de todo o período e mesmo em obras bastante posteriores e não classificadas como tais. Sua presença, porém, quando constatada por analistas de modo geral, ou críticos de formação mais "clássica", tem sido considerada como um elemento menor, de certa forma depreciativo para a obra.

A preferência popular, no Brasil, por romances de folhetim e melodramas pode ser reconhecida pela leitura desenfreada dos jornais, à época, e imenso afluxo de público às platéias de peças como as já citadas, desde meados do século XIX. Cabe, então, a resposta à segunda questão proposta anteriormente, ou seja, o que aconteceu com o gênero a partir dos anos de 1920, quando vai desaparecendo dos teatros? A resposta é simples: tornou-se mais e mais popular, porém em outros veículos e atingindo, portanto, um público imensamente maior.

Na década de 1920, surge no Brasil o rádio, no qual se introduz, a partir de 1941, a *radionovela*; na década de 1950, a TV, que desde suas origens exibiu *telenovelas*, inicialmente apenas "um prolonga-

---

44. *Idem*, p. 23.

mento das radionovelas"[45]. Em ambas se podiam detectar todas as características do melodrama, acrescidas do amor romântico que, como vimos, era relegado a segundo plano no gênero original. Ainda que se tenha firmado com certas especificidades inerentes à diferença de veículo e às inovações tecnológicas, a telenovela atual guarda em si muitas de suas características originais e sua incrível audiência dá conta da opção de uma imensa maioria por obras que contenham em si cargas emocionais fortes, maioria esta que não deve ser ignorada e, tão pouco, menosprezada.

Acreditamos que duas razões explicariam a absoluta popularidade do gênero: uma delas, a simplicidade de suas intrigas; a outra, o fato de que "o melodrama tem por base o triunfo da inocência oprimida [e] a punição do crime e da tirania"[46], ou seja, seu sentido de moralidade e justiça. Tal sentido, implícito em todas as obras do gênero, atende a um propósito exposto literalmente por Pixerecourt (1773-1844)[47], que, "lucidamente, afirmava que escrevia para gente 'que não sabia ler' "[48]. Era para essa platéia iletrada que se demonstrava, em cena, a necessidade da moralidade, do combate ao crime e da virtude.

Observamos, portanto, no melodrama, o mesmo tipo de moralismo detectado anteriormente na comédia, o que associa estes gêneros "opostos" num objetivo comum, que se poderia chamar de "educação" de seu público. As diferenças que apresentarão se estabelecem, então, a partir da *forma* com que a educação é disseminada: enquanto na comédia o que determina este "aprimoramento" é a exposição dos defeitos individuais ou do grupo ao ridículo, no melodrama se buscará, aristotelicamente, o "terror e a compaixão"[49] para alcançar os mesmos fins. Tanto um quanto outro, todavia, apresentam uma característica comum, que é exatamente o que vai atrair sobre ambos o desprezo da "crítica especializada": são espetáculos eminentemente populares. Assim, voltamos a um dos pontos sobre os quais nos temos debruçado ao longo de todo este trabalho: a discriminação sofrida por todas as obras de grande apelo popular por parte dos eruditos de plantão.

O levantamento dessas raízes melodramáticas presentes em nossas literatura e dramaturgia populares atuais – das quais podemos perceber os frutos, por exemplo, na teledramaturgia – mostrou-se de fundamental importância. Na realidade, as reflexões que aqui apresentamos levam à conclusão de que, dentro da "história da dramaturgia brasileira", um dos fios condutores é o "folhetinesco" ou "melodramático", seja lá que nome queiramos dar, que subsiste em nossa

---

45. R. Ortiz, 1989, p. 74.
46. J. M. Thomasseau, 1984, p. 26.
47. Dramaturgo francês, conhecido como "O Pai do Melodrama".
48. J. M. Thomasseau, 1984, p. 20.
49. Aristóteles, s. d., p. 316.

trajetória teatral desde o início de nossa história cultural, inclusive nas comédias, sendo que negá-lo seria refutar uma de nossas maiores características: a de sermos uma nação de raízes latinas, tendendo ao exagero, à emoção; seria aliar-nos ao que vimos tentando combater: o preconceito contra o que possuímos de eminentemente popular.

ARTE PELA ARTE – O MOVIMENTO SIMBOLISTA NO TEATRO

Até este momento vimos trabalhando com gêneros dramáticos específicos, aos quais, de certa maneira, podem ser associadas finalidades: a reflexão; a correção pelo riso; a correção pela piedade e pelo terror, sem, porém, deter-nos nas correntes a que as obras analisadas pertenceriam. Trataremos agora, brevemente, de uma corrente estética em voga à época, para a qual, *a priori*, a arte não possuía finalidade. Sendo assim, para procedermos a um comentário a propósito das obras cujas características as ligariam a este movimento artístico, fez-se necessário que nos empenhássemos em discutir sua inserção nessa corrente estética.

A proposta da "arte pela arte", expressa pelo simbolismo em todos os gêneros artísticos, é uma clara reação ao realismo/naturalismo do século XIX. Na dramaturgia, esta proposição determinará distinções na construção dos entrechos, no delineamento dos personagens e na utilização (mais lírica que dramática) da linguagem. Em seu livro *O Simbolismo no Teatro Brasileiro*, o professor Eudinyr Fraga traçou o perfil do que seria um texto dramatúrgico simbolista a partir de suas características básicas. Em linhas gerais, as seguintes marcas distinguiriam o estilo:

1. Inexistência da intriga tradicional, onde os fatos se sucedem encadeando-se harmonicamente, visando a narrar uma história, substituída por uma atmosfera de tensão e expectativa;
2. Inexistência de caracteres precisos e determinados, sem preocupação de desenho psicológico e *coerência interna*;
3. Indeterminação de tempo e de lugar, inspirando-se muitas vezes, na lenda e no mito;
4. Criação de dois planos: um visível, e outro, supra-real, que o circundaria, mas que não ficaria explicitado para o público;
5. Através da elaboração de uma linguagem poética, repleta de sugestões, ambigüidades e imagens visuais, o espectador seria remetido de um plano a outro, tornando-se ele próprio um intérprete, por meio de sua sensibilidade aguçada pelas correspondências e efeitos sinestésicos;
6. A linguagem perdendo, portanto, parte de suas características dramáticas, adquire feição nitidamente lírica, do que decorre um sentimento de profunda e intensa poesia que envolve as personagens e as situações, transformando-as *num todo significante e autônomo, fechado em si mesmo e que não corresponde mimeticamente à realidade*[50].

50. E. Fraga, 1992, p. 56.

Considerando que se costuma "datar" como a época de maior vigor da escola simbolista o final do século XIX e começo do século XX, ainda que neste estudo não se tenha procurado o estabelecimento de quaisquer predomínios estéticos, nem tampouco buscado textos dramáticos cujo requisito fosse o de pertencerem a qualquer escola, era inevitável que entre os dramas encenados à época deparássemo-nos com alguns que apresentam, se não todas, algumas das características levantadas pelo professor Eudinyr. Sobre estas peças, classificadas portanto como simbolistas, procuramos tecer comentários segundo suas próprias especificidades.

Pelas características apresentadas pode-se concluir que os textos pertencentes à escola simbolista não se enquadrariam muito facilmente no gênero cômico. Todas as peças a serem aqui comentadas são, por conseguinte, dramas. Entre os dramas simbolistas de maior relevância, encenados no período abordado, é necessário destacar as seguintes peças de Roberto Gomes: *Ao Declinar do Dia* (1910), *Canto Sem Palavras* (1912) e *Jardim Silencioso* (1918). Também poderiam ser classificadas como pertencentes ao estilo os dramas *Ao Luar* (1900) e *O Dinheiro* (1910), de Coelho Neto; *Impunes* (1910), de Oscar Lopes; *Flor Obscura* (1910) de Lima Campos; *A Estátua* (1918), de Artur Pinto da Rocha e *A Última Encarnação de Fausto* (1922), de Renato Viana. Entre estas, *O Dinheiro*, *Impunes* e *Flor Obscura* tiveram suas estréias nos eventos subvencionados do Teatro Municipal, mencionados em capítulo anterior.

Se algum de nossos autores teatrais pode ser classificado a partir de uma corrente estética, este é Roberto Gomes, por cujas obras perpassa toda a diafanidade simbolista. Da obra de estréia, *Ao Declinar do Dia*, à última peça escrita – *Berenice* (1922) – todos os seus dramas correspondem, em maior ou menor grau, às características da escola.

Ao Declinar do Dia é um texto curto (um ato), em que parecem concentrar-se as marcas "crepusculares" (vide o título) da escola. A ação transcorre às seis horas da tarde, na sala da casa de Laura. Imediatamente após a saída de um médico que a desenganara a respeito da saúde do marido, Laura recebe a visita de um antigo apaixonado, Jorge, que vem despedir-se antes de partir para uma viagem aparentemente sem volta. Ao ser informado da gravidade do estado de Viriato, entretanto, Jorge supõe a possibilidade de, enfim, viver seu amor por Laura. Embriagados pela suposição da felicidade futura, Laura e Jorge chegam a beijar-se. Neste momento, um baque surdo anuncia a morte de Viriato, o que, ao invés de abrir as portas da ventura para ambos, cerra-as definitivamente. Segundo Laura, eles não poderiam jamais viver juntos sob a sombra da dúvida a respeito da causa da morte do marido.

Dentro dos parâmetros estilísticos utilizados para a análise, *Ao Declinar do Dia* é um texto em que predomina a tensão. Não há uma trama narrativa linear: a conversa de Laura com o médico impõe a expectativa da morte; o toque de campainha anunciando a chegada de

Jorge impõe nova tensão. Os fatos, ao invés de se encadearem, contrapõem-se, criando novos impasses.

O delineamento das personagens é impreciso e suas atitudes denunciam a gratuidade de qualquer reação. Não se compreende por que Laura manteve seu casamento "ditado por conveniências"[51]; menos ainda é compreensível a razão pela qual ela decide não seguir com Jorge após a morte do marido já que o médico, minutos antes, havia-lhe prevenido de que a sobrevida de Viriato era, possivelmente, uma questão de dias ou horas.

Na realidade, a única explicação para as incoerentes conclusões a que chega a personagem principal de *Ao Declinar do Dia* é exatamente o *leitmotiv* de Roberto Gomes, que aqui surge para percorrer toda a sua obra: a absoluta impossibilidade de alcançar a felicidade, vivenciada por todas as suas protagonistas.

Neste drama, assim como em boa parte da dramaturgia do autor, os atos das personagens são ditados por uma *força* – interior ou exterior – não explicitada, que poderíamos chamar de destino (ou *falha trágica*) e que os leva inexoravelmente para a infelicidade. A incompreensão das ações de Laura vem do fato de que elas não possuem uma lógica voltada para a platéia; sua lógica intrínseca é a da impossibilidade de um destino feliz.

As imagens utilizadas por Gomes em *Ao Declinar do Dia* são, também, típicas da escola: a perspectiva de felicidade é sugerida, assim como as possíveis viagens, a vida é "traduzida" em imagens poéticas, sugeridas pela "visualidade" da linguagem. O próprio gênero de linguagem utilizado no texto tende muito mais ao lírico que ao dramático, estando as personagens imersas num sentimento quase poético da dor auto-imposta.

Canto Sem Palavras é um drama mais próximo da realidade, ainda que, também sobre ele, não se possa considerar que tenha sido empregado um encadeamento "harmônico" dos fatos da narrativa. A ação transcorre, no entanto, em espaço e tempo claramente determinados e as personagens apresentam caracteres mais precisos, com reações coerentes, afinadas com o perfil para elas delineado.

No *Canto Sem Palavras*, Roberto Gomes consegue realizar à perfeição a junção da música (Mendelssohn) ao texto dramático, tão cara aos simbolistas. O "Canto que Emerge" – subtítulo dado pelo autor para o primeiro ato – poderia ter seu "andamento" comparado ao de um *allegro* musical; o segundo ato seria, assim, um *vibrato* (o subtítulo dado pelo autor foi "O Canto que Vibra") e o terceiro ato, tradução da dor do protagonista, teria num *adagio* a correspondência musical para o "Canto que Morre".

---

51. R. Gomes, 1983, p. 58.

Roberto Gomes descreve com muita felicidade, nos diálogos do drama, a tensão resultante do amor silencioso, sofrido, de Maurício, o personagem principal, em contraste com o entusiasmo de Queridinha, sua afilhada, pelo casamento. Numa situação que permitiria (a um autor de outra formação) que a narrativa se transformasse num drama mais pesado, Gomes desenha um quadro de extrema delicadeza, no qual a profunda emoção provocada no homem mais velho por seu amor impossível é sugerida nos menores movimentos, apresenta-se contida diante da dureza da realidade (ou *destino*...), que o condena ao desterro.

Tensão, expectativa, são sensações características da corrente simbolista e estão presentes em toda as obras de Roberto Gomes. Outra peça do autor, selecionada para apresentação na temporada brasileira de 1912 do Teatro Municipal, é *Jardim Silencioso*, pequeno drama feito de esperas "contrapostas", que exprime as tensões internas de uma família aparentemente tranqüila. Como num filme de Hitchcock, nesse drama todas as personagens aguardam alguma coisa: Helena espera o desenlace dos dramas íntimos de seus pais; Pedro espera pela mulher infiel; Noêmia espera a reação do marido... E em nenhum momento fica claro para o público qual será o resultado de todas essas expectativas.

Como exemplo da divisão em planos, típica da escola, é que entra, em contraponto, o jardim circundante, plácido e silencioso, que em nada denuncia o turbilhão subjacente à aparente serenidade familiar. Tanto quanto *Ao Declinar do Dia*, o *Jardim Silencioso* é um claro exemplo da estética simbolista, na qual se insere toda a obra do autor, e pode ser considerado um dos melhores exemplos da dramaturgia de Roberto Gomes.

Outros autores aventuraram-se, também, a compor dramas segundo a estética simbolista. *Ao Luar* (1900) é o drama mais representativo das incursões de Coelho Neto nesta escola; sendo assim, é nele que nos deteremos aqui. *Ao Luar* apresenta diversas das características listadas pelo professor Eudinyr, entre as quais chamaríamos atenção para a "inexistência da intriga tradicional, substituída por uma atmosfera de tensão e expectativa". O drama de Coelho Neto, de fato, apóia-se em ambas as sensações: a tensão existente nas relações entre uma mãe (viúva) e sua filha, Alda – que lhe cobra fidelidade ao pai morto –, e a expectativa, da mãe, a propósito das reações de sua filha em relação a um novo envolvimento amoroso.

O ambiente da ação é a sala de estar de uma casa, mas o tempo durante o qual ela transcorre é indefinido; a iluminação é lunar, noturna, típica do estilo que ainda supõe "indeterminação de tempo e de lugar". Outra característica simbolista claramente presente no texto "coelhonetiano" é a "criação de dois planos: um visível, e outro, suprareal, que o circundaria, mas que não ficaria explicitado para o público". Alda impõe a Clara, sua mãe, a presença quase física do pai, desenhando, no texto, a tristeza de sua figura a vagar pelos jardins e pela casa, à noite, assombrando a ambas.

Ao Luar, hoje em dia, poderia ser comparado a um *thriller*, rápido e nervoso. Em sua época, certamente atendeu às expectativas da classe intelectual por uma dramaturgia de moldes simbolistas. Quanto a *O Dinheiro*, ainda que este drama contenha, em germe, alguns elementos simbolistas, tais elementos apresentam-se muito tênues, não chegando a caracterizar a peça como um fruto do movimento.

O dramaturgo Oscar Lopes também apresenta traços do estilo simbolista em algumas de suas obras; o drama *Impunes* é sua peça mais marcadamente influenciada pela escola. A trama da peça é um tanto *gauche*, além de, tal e qual o "exigido" pela dramaturgia simbolista, não ser desenvolvida por meio de uma narrativa linear. A bem da verdade, não se trata de uma *narrativa* em sentido estrito: *Impunes* apresenta temas. Sem discutir essas questões, Oscar Lopes "fotografa" na peça a bigamia, a dissolução de costumes, a ambigüidade de determinados caracteres. Como exemplo do estilo é também, sugerida a existência de dois planos diferentes de ação, num dos quais estaria presente um anônimo missivista, cuja onisciência paira sobre os acontecimentos.

Encenado em 1922, *A Última Encarnação de Fausto*, de Renato Viana, foi o drama que mais modernamente procurou conceituar arte e dramaturgia. Em seu autodenominado *drama-estático-musical*, Viana discute diversas questões entre as quais se debatiam homens e artistas de sua época. Com relação à escola simbolista, o texto apresenta todas as características apontadas anteriormente: desenvolve-se numa atmosfera de tensão permanente; a presença de Mefistófeles insere não apenas o mito do Fausto alemão como a convivência do plano supra-real, interferindo no visível; e, finalmente, a linguagem utilizada por Viana apresenta-se repleta de ambigüidades e imagens visuais.

O *Fausto* de Renato Viana, autor preocupado em acompanhar os mais modernos movimentos europeus, pode servir como documento de que havia no Brasil, à época, artistas cuja atenção voltava-se para as mais atuais discussões das vanguardas européias. Ao pretender ampliar a abrangência das questões discutidas, entretanto, Viana se perdeu justamente por não ter conseguido livrar-se das marcas de seu tempo. Sem ter conseguido ser um drama *moderno*, o *Fausto* de Renato Viana é, no entanto, uma moderna reflexão sobre os possíveis anseios de um artista.

A discussão da *arte pela arte*, proposta pelo simbolismo, esteve presente, como opção estética, em algumas obras e autores do período, o que obriga e justifica sua inserção entre quaisquer considerações sobre o teatro da Primeira República. Não aprofundamos aqui, contudo, a análise da escola, pois sua proposta, além de não ter sido corrente dominante na dramaturgia da época, contrapõe-se ao interesse apriorístico deste estudo, na medida em que sua "reflexão" sobre a sociedade busca, sobretudo, subtrair-se dela.

5. Um Último Tópico: Os Grandes Nomes do Palco

Na Europa, o século XIX foi o período das mais drásticas transformações sociais. Por um lado, o ideário comunista proposto desde a publicação do *Manifesto* (1848), ao mesmo tempo em que mantinha a concepção do coletivo, desmascarava a luta entre os grupos sociais, punha em campos opostos as "classes", percebendo em umas o poder de operar sobre o destino de outras. Por outro lado, a produção em série proporcionada pelo desenvolvimento industrial que se acirra em meados do século aprofunda o sentimento de massificação em grande parte da população e dá origem, no plano social, a uma reação coletiva, talvez inicialmente inconsciente, que consistiu (e consiste) em uma valorização exacerbada do individualismo.

> O sinal mais claro das inibições exercidas sobre a revolta pessoal dentro de uma cultura da personalidade está nas relações entre os códigos de credibilidade, no palco, e entre as pessoas da platéia. O artista é cada vez mais forçado a se investir de um papel compensatório, aos olhos de sua platéia, enquanto uma pessoa que realmente pode expressar a si mesmo e ser livre. A expressão espontânea [...] é realizada no âmbito da arte[1].

Essa possibilidade de "expressar a si mesmo" marcará a interpretação ocidental desde os primórdios do romantismo, estendendo-se até o início do século XX. Na Europa, às emblemáticas figuras de Kean (1789-1833) e Lemaître (1800-1876) sucedem, por exemplo, Sarah

---

1. R. Sennett, 1988, p. 238.

Bernhardt (1844-1923) e Eleonora Duse (1858-1924). No Brasil, ao romântico João Caetano dos Santos (1808-1863), seguir-se-ão, entre outros, Ismênia dos Santos (1840-1917), Apolônia Pinto (1854-1926), Leopoldo Fróes (1882-1932), Itália Fausta (?²-1951), Jayme Costa (1897-1967) e Procópio Ferreira (1898-1979).

Esses profissionais certamente não eram os únicos em atividade na época, mas foram os mais emblemáticos símbolos de sua classe e, sobretudo, de seu tempo. De perfis e formações pessoais variados, esses atores e atrizes mantiveram, no entanto, alguns pontos em comum, entre eles suas vidas inteiras dedicadas à cena. Outro ponto comum a todos é que foram nomes popularmente consagrados durante boa parte de sua vida profissional.

Devido a esta mesma consagração, tanto Ismênia dos Santos quanto Apolônia Pinto, Leopoldo Fróes, Itália Fausta, Jayme Costa ou Procópio Ferreira em algum momento de suas vidas foram "líderes" de companhias profissionais de atividade permanente; sendo assim, é necessário que façamos uma breve apreciação sobre sua trajetória artística.

Ainda que suas vidas profissionais se tenham desenvolvido, em sua maior parte, no Rio de Janeiro, "capital cultural" do país à época, a maioria dos atores e atrizes em atividade no teatro brasileiro durante a Primeira República não era carioca. A baiana Ismênia dos Santos chega à capital do Império no começo do ano de 1865, acompanhada de seu marido Augusto Santos, estreando ambos "a 29 de março do mesmo ano, no teatro Ginásio Dramático, que estava sob a direção de Furtado Coelho, na comédia *Não é com essas*"³.

Segundo Lafayette Silva,

Ismênia explorava o gênero emotivo ao lado do que fazia rir, representando dramas como *Os lobos do mar*, *O filho de Coralia* e *O crime do Porto*, e peças musicadas e alegres que registraram ruidosos sucessos, tais como: *Mimi Bilontra*, *A dama de ouros*, *As maçãs de ouro* e, sobretudo, *Frei Satanás*, mágica [...]⁴.

Apesar de ter trabalhado em comédias e musicais, pode-se afirmar, entretanto, que a atriz dava preferência ao gênero melodramático.

---

2. Há controvérsias a propósito da data de nascimento da atriz. Galante de Souza (*O Teatro no Brasil* – tomo II) informa que Itália Fausta faleceu em 1951, aos 64 anos, o que determinaria 1887 como o ano de seu nascimento. Um registro de nascimento da atriz, todavia, foi lavrado em São Paulo, em 1922, dando 1889 como o ano de seu nascimento, data que Miroel Silveira (*A Contribuição Italiana ao Teatro Brasileiro*), entretanto, aponta como impossível, a partir de suas primeiras aparições nos grupos filodramáticos italianos de São Paulo, sugerindo que a atriz tenha nascido entre 1885-1886.
3. L. Silva, 1938, p. 202.
4. *Idem, ibidem*.

Constam de seu repertório mais freqüente, entre outros, os melodramas *A Mártir*, *A Doida de Montmayor*, *A Estátua de Carne*, *O Anjo da Meia Noite* e *As Duas Órfãs*.

O período de glória na carreira de Ismênia dos Santos, "uma de nossas maiores atrizes dramáticas"[5], foram as duas últimas décadas do século XIX, quando se fez empresária, montando sua própria companhia. Ao iniciar-se o declínio do gênero no qual se sentia mais à vontade, todavia, não deixou os palcos: tomou parte como coadjuvante em diversas companhias durante a primeira década do século XX, até vir a falecer em 14 de junho de 1918, bastante pobre, na cidade de Niterói, estado do Rio de Janeiro.

Outra atriz, Apolônia Pinto, nascida num camarim do Teatro São Luis, no Maranhão, em 21 de junho de 1854, também teve seu período de maior projeção nos últimos anos do Império. Estreou no mesmo teatro em que nascera, "no dia em que completou 12 anos, no drama *A Cigana de Paris*. A companhia era de Vicente Pontes de Oliveira e a primeira figura Manuela Lucci, a atriz dotada de maiores qualidades artísticas e de maior popularidade no norte do Brasil"[6].

Aos dezesseis anos, Apolônia apresentou-se pela primeira vez no Rio de Janeiro, no drama *A Morgadinha de Val-Flor*, de Pinheiro Chagas, "ao lado de Furtado Coelho e de Ismênia dos Santos, que estava no esplendor dos seus trinta anos, gozando o prestígio de ser a primeira atriz dramática da Capital do Império"[7].

Ao longo de sua carreira, representou os mais variados tipos, nos mais diversos gêneros. Nos palcos brasileiros, utilizando o jargão da época, Apolônia Pinto fez a *ingênua* Margarida, do *Fausto*, criou a médica Luísa Praxedes na estréia de *As Doutoras*, passou a *dama-galã* e a *dama-central*. Pouco antes do final do século, foi vitimada por uma surdez quase absoluta que a fez pensar em abandonar a profissão. Não o fez; "dotada pela natureza de uma memória por todos admirada, resolveu que estudaria todos os papéis de cada peça e, no desenrolar de cada cena, dispensaria a ajuda do ponto"[8]. E assim, praticamente surda, ainda foi uma das melhores *caricatas* da Primeira República, brilhando nos palcos brasileiros por mais de 25 anos, e sendo sempre elogiadíssima por seu cuidado na composição dos mais diversos personagens.

Um de seus maiores sucessos como *caricata* foi a personagem Dona Cristina, de *Flores de Sombra*, ao lado de Leopoldo Fróes, "numa das mais bem apreciadas fases da sua vida de atriz"[9]. Segundo um cronista da época, "dessa peça foi ela a alma e a vida, seu trabalho admirável

---

5. G. Sousa, 1960, tomo II, p. 482.
6. L. Silva, 1938, p. 201.
7. J. Jansen, 1953, p. 20.
8. *Idem*, 1953, p. 121.
9. *Idem*, p. 135.

impôs à admiração de todos nós a figura cheia de bondade criada pelo Dr. Cláudio de Souza"[10].

Nos primeiros anos da década de 1920 participa da companhia criada por Viriato Corrêa, Oduvaldo Viana e Abigail Maia para ocupar o Teatro Trianon. Encena ali inúmeras comédias, entre elas, *Nossa Gente*, de Viriato – juntamente com Antônio Serra, Lucília Peres, Procópio Ferreira (então em início de carreira), Iracema de Alencar, Augusto Aníbal, Ferreira de Souza e outros –, *Gente de Hoje*, *Boa Mamãe* (escrita para ela por Heitor Modesto), *Terra Natal* e *Ministro do Supremo*.

De acordo com comentário de José Jansen,

> não foram de menor interesse que os da mocidade os papéis interpretados por Apolônia, ao atingir a anciania. Mesmo nessa fase, na qual o artista não conta mais com os encantos da juventude, ela foi interessante e variava, de tipo para tipo, sem se repetir: em *Gente de Hoje*, era a Esmeralda, uma solteirona namoradeira e desfrutável [...]; em *Boa Mamãe* era a Dona Nonoca, personificação da harmonia; em *Terra Natal*, era a Dona Maria Eugênia, matrona amiga de sua terra e tradições e assim sempre, com a precípua intenção de fazer o melhor possível[11].

Ainda com a Companhia Abigail Maia, faz uma viagem internacional a trabalho, recebendo sempre boas críticas às suas criações, conforme afirma José Jansen: "Por não se descuidar do estudo dos seus papéis pode manter a conquista de louros, no Trianon, em Montevidéu, em Buenos Aires, enfrentando as platéias mais diversas"[12].

Aparentemente a atriz Apolônia Pinto era uma unanimidade. São inúmeros os comentários favoráveis a seu trabalho de criação, a seu profissionalismo, a despeito da surdez e da idade avançada. É de João Luso a seguinte nota a respeito da atriz, publicada na *Revista da Semana*:

> A senhora Apolônia Pinto é uma dessas artistas mais raras do que parece e sobretudo do que, no teatro, se julga, com as quais os papéis e as peças realmente têm algo a ganhar. Da velha escola, do velho tempo em que se estudava devagar e se ensaiava a valer, até a peça estar não apenas sabida, mas equilibrada, afinada, ajustada em todos os seus elementos e apurada nos seus menores efeitos, a Sra. Apolônia adaptou-se, todavia, ao teatro ligeiro e ao regime precipitado das sessões, sem quebrar a sua linha, sem sacrificar a sua dignidade de artista. Em todos os seus trabalhos se sente o nobre empenho de fazer o melhor possível, levantar, exaltar o valor da obra que lhe foi confiada. [...][13]

Em 1925, a classe artística em peso comemorou o jubileu de Apolônia Pinto, que, ainda assim, só abandonaria o palco, por absoluta impossibilidade de ali permanecer, alguns anos mais tarde. Ao fale-

---
10. Revista *Comédia*, Rio de Janeiro, 12 maio 1917.
11. J. Jansen, 1953, p. 168.
12. *Idem*, p. 169.
13. *Revista da Semana*, Rio de Janeiro, dez. 1921.

A atriz Apolônia Pinto, em remontagem de 1930 da peça *Flores de Sombra*. Arquivo: Geteb.

Abigail Maia em *Manhãs de Sol*, de Oduvaldo Viana – Teatro Trianon, RJ, 1921. Arquivo: Cedoc – Funarte.

cer, em 1937, no Retiro dos Artistas, a atriz contabilizava aproximadamente 65 anos de vida consagrados à arte de representar. Pela variedade de seu repertório, pela admiração confessa de seus colegas de profissão, pelo respeito que sempre demonstrou a seu público e à sua arte, enfim, por tudo o que sobre ela se escreveu em sua época, podemos afirmar que Apolônia Pinto foi uma grande atriz brasileira que soube, como poucos, vivenciar todos os aspectos de sua arte.

Um ator que marcou o período aqui analisado foi Leopoldo Constantino Fróes da Cruz. Leopoldo Fróes nasceu em Niterói, em 30 de setembro de 1882. Órfão de mãe aos doze anos, bacharel em direito, o jovem Leopoldo foi mandado por seu pai à Inglaterra para tentar estabelecer-se na diplomacia. Interrompeu a viagem em Paris, de onde pouco depois passou a Portugal, estreando ali como ator no Teatro Príncipe Real (Lisboa), num dos papéis do drama de Marcelino Mesquita chamado *O Rei Maldito*. Iniciava-se a carreira daquele que, mais que qualquer de seus contemporâneos, representaria o espírito de seu tempo, expressando, não apenas "a si mesmo", mas toda a frivolidade e *glamour* da *belle époque*.

Cultivando um individualismo exacerbado, sendo sempre tão-somente Leopoldo Fróes, o ator, nos moldes da herança romântica européia, agia como se "o momento da representação [fosse] o mais importante"[14], ou o único, de toda produção teatral. Para ele, o público não comparecia aos teatros para assistir a determinada peça, mas apenas para vê-lo em cena. Segundo Raimundo Magalhães Júnior, no palco,

[...] Era Fróes quem recebia as heranças imprevistas. Era Fróes quem conquistava as mulheres bonitas das comédias, solteiras, casadas ou viúvas. Era Fróes quem dizia as frases inteligentes. Era Fróes quem brilhava! Os outros, quase sempre, eram simples testemunhas dos seus rasgos de espírito, de suas conquistas, de seus lances de audácia. Formavam o fundo do quadro, apagavam-se numa penumbra necessária à fosforescência do ídolo da platéia[15].

A atitude do ator explica-se, em parte, a partir de um padrão de egolatria que se estabelecia, emanado do sucesso do cinema americano, no qual se levava às últimas conseqüências o culto da personalidade. No entanto, Leopoldo Fróes extrapolava em muito a "pose" de galã hollywoodiano, ignorando quaisquer preocupações que não estivessem relacionadas à manutenção de seu *status* de estrela no panorama teatral.

Miroel Silveira, em comentário sobre a atuação de Leopoldo em *O Simpático Jeremias*, de Gastão Tojeiro, observa que o papel (feito sob encomenda) "lhe permitia trabalhar com brilho não propriamente interpretativo, mas naquele em que se excedia: o de homem de atraen-

14. R. Sennett, 1988, p. 255.
15. R. Magalhães Júnior, 1966, p. 102.

te personalidade, irradiando um 'charme' ao qual se acrescia um *savoir-faire* parisiense"[16].

Sua postura altamente personalista justificava, para o ator, a total ausência dos ensaios e a inteira despreocupação em decorar os papéis que lhe cabiam, não raras vezes prejudicando sobremaneira a qualidade de diversos dos espetáculos encenados por suas companhias e eventualmente expondo ao ridículo seus elencos de apoio, além de considerar como de toda uma geração características que eram peculiarmente suas.

Empresário desde 1908, ano de sua volta para o Brasil, Leopoldo Fróes não mais deixaria de liderar seus próprios elencos ao longo de toda a carreira no país, o que lhe possibilitou total liberdade de escolha dos textos que melhor conviessem a seu "estilo" de representação. Por essa razão, diversos autores escreveram peças sob encomenda para a "personalidade" do ator, entre eles Gastão Tojeiro (*O Simpático Jeremias*, entre muitas outras); Renato Viana (*Luciano, o Encantador* e *Gigolô*); Armando Gonzaga (*A Descoberta da América*); Paulo Gonçalves (*Um Coração de Mulher*) e Joracy Camargo (*A Menina dos Olhos*). Para fugir ao pagamento dos direitos autorais cobrados pela recém-criada SBAT, montou também peças de sua própria lavra, como *Mimosa* e *Outro Amor*.

Entre seus maiores sucessos citam-se *Flores de Sombra* (1916), de Cláudio de Souza, com a qual obtém, segundo Mário Nunes, mais de trezentas apresentações em cinco anos, um número expressivo mesmo para os dias de hoje[17], e *O Simpático Jeremias*, de Gastão Tojeiro, ambas mantidas no repertório de sua companhia por muitos anos.

Trabalhou em diversas ocasiões no Trianon e de sua companhia fizeram parte Belmira de Almeida, Amália Capitani, Apolônia Pinto, Carmen Azevedo, entre outros. Apesar de preferir encenar traduções de sucessos europeus, representou vários originais brasileiros, alguns de longa permanência em cena como os já citados *Flores de Sombra* e *O Simpático Jeremias*, além de *Sol do Sertão*, de Viriato Corrêa, e *Longe dos Olhos*, de Abadie Faria Rosa. No Rio de Janeiro, encenou espetáculos também nos teatros Fênix, São José, Carlos Gomes, Lírico e Recreio. Sua última temporada fixa deu-se no Teatro Glória, em fins da década de 1920. Já então saltava aos olhos o cansaço do público ante o "estilo" do ator. Segundo comentário de Magalhães Júnior, Fróes, entretanto,

Acreditava sinceramente que a razão do insucesso não estava nele próprio, na repetição cansativa dos mesmos recursos, do mesmo esforço para ocultar as deficiências que resultavam da falta de constância, de aplicação, de esmerado estudo dos papéis, nem da monotonia de um repertório muito igual, em que ele era sempre o mesmo jovem bizarro, elegante, ousado, jovial, faiscante de inteligência superficial ou de brilho apa-

16. M. Silveira, 1976, pp. 180-181.
17. M. Nunes, 1956, p. 271.

rente. Ele se via com olhos otimistas, mirava-se em espelhos lisonjeiros que deformavam, para melhor, sua figura de quarentão boêmio[18].

Entre seus méritos está o de ter participado ativamente, em 1917, do movimento para a construção da Casa dos Artistas (da qual foi presidente de honra), que começa a funcionar em 25 de abril de 1919, na rua da Floresta[19], nº 7, em Jacarepaguá. Mas seu mérito principal, na realidade, residiu "no fato de ter fundado uma companhia nacional, com bases sólidas e com incontestável sucesso – a primeira a vingar desde os tempos de João Caetano"[20]. Leopoldo Fróes morreu num sanatório da Suíça em 2 de março de 1932, vítima de doença pulmonar surgida a partir de uma pneumonia adquirida em Portugal.

Contemporânea de Leopoldo Fróes, mas dotada de características inteiramente diferentes, Itália Fausta (Faustina Polloni) foi a grande atriz dramática do período; sua longa carreira teve a duração aproximada de cinqüenta anos. Os primeiros comentários jornalísticos sobre sua atuação como amadora nos grupos filodramáticos italianos de São Paulo datam da virada do século e seu primeiro "benefício"[21], de 1901, o que supõe um grande destaque da atriz entre os amadores, "que lhe permitia utilizar um recurso financeiro reservado habitualmente aos profissionais"[22].

Em 1904 integra-se ao grupo Teatro Popolare, sob direção do ator italiano Ernesto Cuneo, tendo sido esta a "primeira orientação técnica importante que a jovem Faustina recebeu, segundo registram seus rascunhos autobiográficos"[23]. Em 1906 é contratada pela Companhia Lucinda-Cristiano (dos atores portugueses Lucinda Simões e Cristiano de Sousa) e faz sua estréia profissional em 28 de maio do mesmo ano, no Teatro São Pedro (Porto Alegre), no papel da Mariana de *Amor de Perdição* (adaptação do romance homônimo de Camilo Castelo Branco). No mesmo teatro representará ainda *A Morgadinha de Val-Flor*, de Pinheiro Chagas, e *Mr. Alphonse*, de Alexandre Dumas. Como se pode observar, desde o início de sua carreira a atriz demonstrou predisposição aos papéis mais densos dos dramas e melodramas, característica que marcará seu perfil profissional. Ao final do ano, estréia no Rio de Janeiro, no Palácio Teatro. A propósito de sua interpretação,

---

18. R. Magalhães Júnior, 1966, p. 277.
19. Hoje rua Retiro dos Artistas.
20. R. Magalhães Júnior, 1966, p. 114.
21. Espetáculo cuja renda revertia inteira ou parcialmente para o ator em questão. Segundo Miroel Silveira, o *benefício* era uma "peculiaridade dos costumes teatrais da época, servindo para que o ator, geralmente mal remunerado, além de louros e homenagens obtivesse uma renda extra, vendendo para lucro próprio os bilhetes que o empresário lhe entregava". *Op. cit.*, p. 75.
22. M. Silveira, 1976, p. 75.
23. *Idem*, 1976, p. 81.

Artur Azevedo manifesta-se auspiciosamente em *A Notícia*, afirmando que a jovem atriz tem "mais do que habilidade: tem talento, talento que, assim espero, será cultivado, pois é o mais digno de ser desenvolvido que nestes últimos tempos apareceu em nosso teatro"[24]. Depois da temporada carioca, Faustina segue com a Companhia Lucinda-Cristiano para São Paulo; vai ainda a Belém, mas quando os atores portugueses retornam a seu país, a atriz desliga-se da companhia, disposta a aprofundar-se no estudo da arte que escolhera.

Viaja para a Europa, onde passa extenso período. Estuda na Escola Eleonora Duse, da Academia Santa Cecília, em Roma. Trabalha algum tempo em Portugal, tendo representado no D. Amélia, de Lisboa, com Eduardo Brasão, e participado "como primeira figura dos mais importantes elencos"[25] do país.

De volta ao Brasil participa, em 1916, das encenações de *Orestes* e *Antígona* no *Teatro da Natureza*, empreendimento criado pelo empresário José Louzeiro, juntamente com o ator Alexandre Azevedo, para realizar espetáculos ao ar livre, no Campo de Sant'Ana, "numa iniciativa ímpar em nosso país e realmente pioneira para a época"[26].

Em 1917 funda, com Gomes Cardim, a Companhia Dramática Nacional, da qual torna-se a primeira atriz. Datam de então os primeiros registros de sua participação no melodrama *A Ré Misteriosa (La femme X)*[27], peça de Bisson que fará parte do repertório da atriz ao longo de toda a sua carreira. Além de Itália Fausta, trabalhavam na companhia Davina Fraga, Luíza de Oliveira, Maria Castro, Alves da Silva, Justino Marques e Armando Rosas.

Itália mantém-se como primeira atriz da Companhia Dramática Nacional, permanecendo em atividade constante até a morte de Gomes Cardim. A partir de então a atriz participará de encenações realizadas por outras companhias. Em 1949 participa de excursão nacional com a Companhia Maria Della Costa-Sandro Polloni, vindo a falecer pouco depois, em 1951, no Rio de Janeiro.

Outra figura de destaque na cena brasileira da época é o ator Jayme Costa, nascido no Rio de Janeiro, em 1897. Iniciando sua carreira como amador, no corpo cênico do Club Ginástico Português, Jayme Costa estreou no teatro profissional em 1921, fazendo um dos ladrões de *O Mártir do Calvário*. No mesmo teatro, pouco depois (8 de março de 1921), faria "o papel principal de *Brutalidade*, opereta de J. Ribeiro"[28].

---

24. *A Notícia*, 26 nov. 1906. *Apud* M. Silveira, 1976, p. 89.
25. *Idem*, p. 168.
26. M. Silveira, 1976, p. 169.
27. Lafayette Silva registra que *La femme X*, com o nome de *A Primeira Causa*, aqui havia sido representada pela primeira vez no teatro Apolo, em 1910. *Op. cit.*, p. 253.
28. L. Silva, 1938, p. 260.

Fruto de seu tempo, Jayme Costa apresentará um perfil personalista, nos moldes daquele vivido por Leopoldo Fróes, embora em muito menor escala. Já à frente da Companhia Jayme Costa, o ator leva à cena, em 1923, *Fogo de Vista*, escrita para ele por Coelho Neto. Ainda no início da carreira, encomenda ao estreante Joracy Camargo uma comédia, que viria a ser *De Quem é a Vez?* (Trianon, 5 de julho de 1927), com o objetivo declarado de atritar-se com Fróes, então um veterano ator.

Em 1926 inaugura o Teatro Cassino com a comédia *Sorte Grande*, de Bastos Tigre. Realiza também, nesse ano, a encenação de *Così è... (se vi pare)*, de Luigi Pirandello, numa "tradução anônima e decerto falha, sob o título horrível de *Pois é Isso...*"[29], a qual reapresentou em 1927, quando da visita do autor ao Brasil. Jayme Costa manteve-se à frente de sua companhia por longos anos, cultivando o mesmo estilo egocêntrico de seu início de carreira.

O último grande fruto deste período é Procópio Ferreira, que nasceu no Rio de Janeiro, em 8 de julho de 1898 e iniciou sua vida profissional humildemente: "trabalhava de *office-boy*, num escritório de advocacia"[30], enquanto estudava para ser ator cursando a Escola Dramática Municipal, então dirigida pelo escritor Coelho Neto, tendo concluído o curso e ali se diplomado. Ator de inegável talento, contando ainda com preparação cuidadosa para a carreira, Procópio Ferreira, no entanto, não resistiu aos encantos do *glamour* apontado por Leopoldo Fróes e acabou ficando na história de nossos palcos como o último dos "monstros sagrados" de uma geração de atores de teatro brasileiros para quem o prestígio e a popularidade apoiaram-se mais no fascínio pessoal que na competência profissional.

Trabalhou primeiramente na Cia. Dramática Nacional, ao lado de Itália Fausta. Em 1917, passou para a companhia de declamação do Teatro Carlos Gomes, encabeçada pelos atores João Barbosa e Francisco Marzullo, representando *vaudevilles*, comédias e dramas. Participou da representação de *A Cabana do Pai Tomás*, "no papel do Moleque Beija-flor, que lhe valeu muitos aplausos da crítica"[31]. Foi em seguida para a companhia organizada pelo empresário Pascoal Segreto para ocupar o Teatro São Pedro de Alcântara, em 1919. Foi nessa companhia que suas possibilidades cômicas se manifestaram: seu primeiro grande êxito seria o personagem Zé Fogueteiro, da peça regional de Viriato Corrêa, *Juriti*, musicada por Chiquinha Gonzaga, e que estreou em 1919 no Teatro São Pedro.

Passo a passo, o ator foi construindo seu nome e sua carreira; do São Pedro, Procópio passou para o Trianon e,

---

29. R. Magalhães Júnior, 1966, p. 251.
30. *Idem*, p. 137.
31. *Idem*, p. 138.

em 1920, dava mais um passo à frente, apresentando outro de seus tipos invulgares em *Nossa Gente*, de Viriato, na Cia Alexandre Azevedo. Até a inauguração da Companhia de Comédias Abigail Maia, no Trianon, sua atividade artística continuou a ser esta: a de um ator que tornava grandes os papéis pequenos, tirando deles um rendimento artístico e cômico que muitas vezes ultrapassava a expectativa dos autores[32].

Ao iniciarem-se as atividades da companhia criada por Oduvaldo Viana e Viriato Corrêa no Trianon, Procópio Ferreira participou do espetáculo de estréia, o *Nosso Papás* (1921), e da encenação de *Onde Canta o Sabiá*, entre outras, transferindo-se pouco depois para São Paulo, onde organizaria sua própria empresa.

"Em fins de março de 1924 Procópio Ferreira lança modestamente sua companhia, no Teatro Royal, de São Paulo"[33]. Seu primeiro êxito já como empresário e primeiro ator é com a peça *O Meu Bebê*, de Margarett Mayo, em adaptação de Hannequin e tradução de Mendonça Balsemão.

A Cia. Procópio Ferreira, da qual faziam parte Palmeirim Silva, Margarida Max, Ítala Ferreira, entre outros, apresentou-se no Rio de Janeiro, no Trianon (3 de dezembro de 1924), com a comédia *O Tio Solteiro*, de Ricardo Hicken, traduzida por Benjamim de Garay. A partir de então, o ator mantém-se continuamente em atividade, não apenas nas duas principais capitais do país, mas em viagens por outros estados. O sucesso absoluto será alcançado em 1931, com *O Bobo do Rei*, de Joracy Camargo, e a consagração nacional, com *Deus lhe Pague*, do mesmo autor. Mas isso é outra história...

Enfim, não só de ídolos viveu o teatro nacional na Primeira República. Inúmeros outros atores ali trabalharam, mantendo e apoiando as "estrelas" de nossa cena.

Entre os atores mais citados nos elencos "coadjuvantes" encontram-se os gaúchos João Barbosa e José Restier Júnior; o baiano Olímpio Nogueira, freqüente "Jesus" nas incontáveis montagens de *O Mártir do Calvário*; o português Joaquim Maia, pai da já citada Abigail Maia; João Colás; o grande cômico Brandão (João Augusto Soares Brandão), que ganhou o apelido de "popularíssimo" durante seu ruidoso sucesso em *Rio Nu*; Átila de Moraes, sempre elogiado pelo zelo e correção; o pernambucano Manuel Durães, "um dos melhores elementos das companhias de comédias que trabalharam no São Pedro e no Trianon"[34] e o mineiro Brandão Sobrinho, filho de um irmão de Brandão, o popularíssimo, que criou, no Trianon, o protagonista da comédia *Ministro do Supremo*, de Armando Gonzaga, além de muitos outros.

32. *Idem, ibidem*.
33. *Idem*, p. 185.
34. *Idem*, p. 261.

Entre as atrizes, podem ser apontadas a paulista Lucília Peres, para quem Artur Azevedo escreveu *O Dote* e *A Fonte Castália*, "primeira figura da temporada do Municipal de 1912"[35]; a gaúcha Iracema de Alencar (Ida Kerber), que chegou a primeira figura das companhias de Leopoldo Fróes e Alexandre Azevedo; e ainda Aurélia Delorme, Gabriela Montani, Cinira Polônio, Amália Capitani e Sílvia Bertini (Gioconda Braga), sobre as quais encontram-se freqüentes comentários elogiosos.

Não fossem estes atores e atrizes, que com toda a dignidade defenderam seus papéis, contentando-se muitas vezes em ser apenas o trampolim para o salto de seus colegas mais famosos, o brilho de nossas "estrelas" não teria sido tão fulgurante.

---

35. L. Silva, 1938, p. 225.

6. E Enfim... Algumas Conclusões

Durante as pesquisas realizadas para elaboração de sua tese de doutorado, o professor Fausto Fuser levantou, na Polônia, inúmeras entrevistas dadas por Ziembinski, nas quais, entre outras coisas, o ator afirmava que

> [...] A vida cultural desse país não tem grandes tradições. Quando cheguei ao Brasil, em 1941, não existia teatro, propriamente, peço-lhes imaginarem que toda a vida teatral era realizada por grupos desgarrados da Europa Ocidental, importados [...]. Assim, iniciou-se algum movimento em torno do teatro no Brasil[1].

E, empolgando-se talvez com o prestígio de ter sido o propiciador do início de "algum movimento em torno do teatro no Brasil", sugere ter sido mais ainda, informando a outro jornal (*Expresso Vespertino*, 13 de março de 1964) que quando chegara a nosso país, "não existia teatro em absoluto, não havia nenhuma tradição teatral"[2], cenário trágico da nação indígena que ele iria modificar conseguindo, em primeiro lugar, "através dos círculos de intelectuais brasileiros, graças ao apoio deles, iniciar o movimento amador", para em seguida, do alto de sua generosidade européia, "criar" o teatro nacional.

> [...] Comecei criando o teatro desde sua base e devagar iniciou-se um gigantesco movimento de massas. Organizei palestras, conferências, ensinei a profissão de ator

---

1. Correio Ilustrado da Polônia, 17 fev. 1964. *Apud* F. Fuser, 1987, p. 18.
2. F. Fuser, *op. cit.*

concretamente, com o trabalho dos ensaios. Realmente criei o teatro no Brasil. Recebi por isso a maior comenda nacional, a *Ordem do Cruzeiro do Sul*[3].

Pois é... e nosso jacobinismo era contra os portugueses...

Foi este o triste epílogo da história de nossa trajetória cultural contada pelos *círculos de intelectuais brasileiros*, com os quais Ziembinski conviveu, e junto aos quais colheu as "brilhantes" informações expostas tão levianamente em seu país natal. E foi exatamente *este* ponto de vista cego e preconceituoso que nos propusemos a expurgar no trabalho aqui apresentado.

Pela vastidão do tema, pela imensa área a ser vasculhada, levantada, relembrada, temos a certeza de não ter realizado um trabalho definitivo a propósito do teatro brasileiro na Primeira República, o que, esperamos, será ainda realizado. Estamos certos, entretanto, de haver provado que, ao contrário do que afirmou, um dia, o ator polonês a quem nos referimos, nosso país contava, sim, com um passado teatral vasto, profissional e brasileiro.

A dramaturgia brasileira, como de resto a de todo o mundo, nunca deixou de transformar-se no sentido de cada vez mais refletir sobre incômodas questões e/ou, eventualmente, criticar os aspectos mais extravagantes de nossa constituição social, acompanhando o crescimento e desenvolvimento do país, porém, assim como ocorreu com nossos "modelos europeus", não de maneira linear.

O teatro nacional assistiu a surtos de crescimento dramatúrgico, seguidos por momentos de relativa "inércia", tal e qual o de todos os países que nos serviam de inspiração (afinal, mesmo a festejada França ao longo de toda a sua história só conseguiu produzir *um* único Molière). Assim, as exigências auto-impostas de "modernização", profissionalização e mesmo de criação de um teatro mais *elevado* vão efetivamente sendo atendidas, ainda que não muito claramente aos olhos dos observadores contemporâneos.

Além disso, como demonstrou-se aqui, é indiscutível que o teatro, até o advento do cinema, era uma atividade muito popular no país; mais do que isso, popularíssima, o que demonstra sua inegável importância social, ainda que alguns comentaristas do período "levantassem o nariz" às nossas "velhas e boas" comédias de costumes.

Conclui-se, ainda, que a acusação de ausência de *brasilidade* essencialmente na formatação, ou seja, na construção das obras dramatúrgicas de então (criadas a partir de uma eventual utilização de modelos dramatúrgicos e parâmetros europeus, principalmente franceses), não apenas refletia o eterno mito da época, como ainda deu-se, em alguns casos, tão-somente como a inspiração inicial para a construção de estruturas absolutamente nossas (como, por exemplo, no caso

---

3. *Idem, ibidem.*

das revistas de ano), não sendo, portanto, característica específica de nossa *belle époque*, mas sim a maneira encontrada pela sociedade que se formava, desde o período monárquico, de inserção em meio a um mundo já *construído*.

No momento aqui abordado essa preocupação formal, se ainda pode ser constatada, vai desaparecendo, na medida em que a própria sociedade da época deixa, gradativamente, de propor como fundamentais para si mesma os valores europeus de comportamento.

O "espelho" dramatúrgico refletiu, durante o período observado, o lento, porém progressivo, *abrasileiramento* de nossa sociedade, intensificado, principalmente, a partir da eclosão da Grande Guerra, conforme o demonstrado ao longo deste trabalho. População e, conseqüentemente, dramaturgia começam a dar mostras de que o foco de atenção do Brasil passa a ser, de forma cada vez mais intensa, o próprio Brasil, terra com características próprias que não a tornavam necessariamente inferior ao antigo modelo europeu.

Após o levantamento da dramaturgia produzida, da leitura de diversas obras encenadas no período histórico da Primeira República e de comentários publicados na época, conclui-se finalmente que a existência de uma dramaturgia brasileira de qualidade, vista e aplaudida na época, não é fruto do delírio de alguns, mas sim uma realidade palpável e, em diversos sentidos, claramente *antropofágica* – na acepção de "digestão e devolução" cultural em outros moldes, proposta pelo modernismo –, sendo, sobretudo, eminentemente brasileira.

Enfim, o período aqui estudado marca, por diversos aspectos, uma época das mais importantes para o amadurecimento do país como nação, como população, como auto-aceitação de sua diversidade. Ao tornar-se República, ao iniciar sua própria caminhada, o país começa também, lentamente, a estabelecer alguns de seus valores, a reconhecer suas qualidades e, principalmente, a rir de suas mazelas. A dramaturgia brasileira, alavancada pelo esforço de atores, autores e empresários, acompanhou *pari passu* esta caminhada, cumprindo com toda a dignidade sua função: foi espelho crítico de seu tempo; tornou-se, como a sociedade que refletia, cada vez mais brasileira.

Principais Autores e Obras Encenadas no Período (1889-1930)

ABREU, Brício de. (Rio Grande do Sul, 25.8.1903-...)
– *Uma Lágrima de Amor*. Lírico, 1922.

ABREU, Modesto de. (Rio de Janeiro, 15.6.1901-...)
– *Quando o Coração Quer...* Rio de Janeiro, 11.11.1926.

ALENCAR, José Martiniano de. "O Rio de Janeiro (Verso e Reverso)". In: *Teatro Completo*. Rio de Janeiro, MEC/DAC/Funarte/SNT, 1977.
– "O Demônio Familiar". In: *Teatro Completo*. Rio de Janeiro, MEC/DAC/Funarte/SNT, 1977.

ALMEIDA, Filinto de. (Porto, 4.12.1857 – Rio de Janeiro, 28.1.1945)
Vem para o Brasil em 1867. Poeta, jornalista e comediógrafo. Membro da ABL, cadeira número 3.

Produção teatral:
– *O Conselheiro*. T. Recreio, 22.5.1897.
– *O Defunto*. Comédia em um ato. Estréia, no Brasil, no T. Recreio Dramático, em 25.12.1892. Reapresentada em 1908, na Exposição Nacional. Lisboa, Tip. da Companhia Edit. Nacional, 1894.
– *O Beijo*. Comédia em um ato. T. Apolo, Rio de Janeiro, em junho de 1900.

ALMEIDA, Guilherme. (Campinas, 24.7.1890-...)
– *Um Conto da Carochinha* (c/ O. Viana). Trianon, 11.1.1929.

ALMEIDA, Júlia Lopes de. (Rio de Janeiro, 24.9.1862 – *Idem*, 30.5.1934)
Romancista e contista, casada com Filinto de Almeida.

Produção teatral:
– *A Herança*. Drama. Estréia no T. da Exposição, em 4.9.1908. Rio de Janeiro, Tip. do Jornal do Commércio, 1909. Consta reapresentação no T. Municipal (SP), em agosto de 1915.

- "Quem não Perdoa". Drama. T. Municipal, 1.12.1912. In: *Teatro*. Porto, Renascença Portuguesa, 1917.

Publicados também: *Doidos de Amor*; *Nos Jardins de Saul*. Idem, ibidem.

ALVIM, Renato. (Rio de Janeiro, 30.8.1890-...)
– *Match de Box*. Carlos Gomes, 11.5.1926 (c/ Martins Reis).

ANDRADE, José Maria Goulart de. (Jaraguá (AL), 6.4.1881 – Rio de Janeiro, 19.12.1936)

Engenheiro, geógrafo, poeta, jornalista e teatrólogo. Membro da ABL (cad. nº 6 – Casemiro de Abreu).

Produção teatral (textos encenados):
– *Assunção*. T. Municipal, 23.10.1920.
– *Um Dia a Casa Cai*. Comédia, 1923.
– *Jesus*. T. Fênix, 20.6.1919.
– *Sonata ao Luar*. T. da Exposição, 1908.

Textos publicados:
– "Depois da Morte", "Renúncia", "Sonata ao Luar" e "Jesus". In: *Teatro*. Rio de Janeiro, H. Garnier, 1909.
– "Os Inconfidentes". In: *Teatro*. Rio de Janeiro, H. Garnier, 1910.

ARINOS, Afonso A. de Melo Franco. (Minas Gerais, 1.5.1868 – Barcelona, 19.2.1916)
– *O Contratador de Diamantes*. T. Municipal (SP), 12-18.5.1919. Ed. Fco. Alves, 1917.

AVILA, Aristides. (São Paulo, 11.6.1898-...)
– *O Abismo*.
– *O Filho Pródigo*.

AZEVEDO, Artur Nabantino Gonçalves de. (Maranhão, 7.7.1855 – Rio de Janeiro, 22.10.1908)

Textos teatrais utilizados:
– *Amor ao Pelo*. Recreio, 24.9.1897.
– "O Badejo". Comédia em três atos. São Pedro de Alcântara, 15.10.1898. In: *Teatro de Artur Azevedo*. Rio de Janeiro, Inacen, 1987, tomo IV.
– "A Capital Federal". Burleta em três atos e doze quadros. Música de Nicolino Milano, Assis Pacheco e Luís Moreira. In: *Teatro de Artur Azevedo*. Rio de Janeiro, Inacen, 1987, tomo IV. T. Recreio Dramático, 9.2.1897. Estréia em São Paulo no T. Politeama, 17.7.1897 – Cia. Silva Pinto.
– "O Dote". Comédia em três atos. T. Recreio, 8.3.1907. In: *Teatro de Artur Azevedo*. Rio de Janeiro, Funarte, 1995, tomo VI. Sobre conto de Júlia Lopes de Almeida, reapresentado sistematicamente até 1922
– *Entre o Vermouth e a Sopa*. Lírico, 1895.
– "Genro de Muitas Sogras". Comédia em três atos (parceria com Moreira Sampaio). T. Carlos Gomes, 13.11.1906. In: *Teatro de Artur Azevedo*. Rio de Janeiro, Funarte, 1995, tomo VI.
– "O Mambembe". Burleta em três atos (parceria com José Piza). T. Apolo, 7.12.1904. In: *Teatro de Artur Azevedo*. Rio de Janeiro, Funarte, 1995, tomo V.
– *O Oráculo*. T. Recreio, 2.4.1907.
– *O Retrato a Óleo*. Comédia em três atos. T. Recreio Dramático, 26.12.1902. (Cópia mecanográfica.) Rio de Janeiro, UNI-RIO, s. d.

– "Vida e Morte". Drama em três atos. Extraído do conto *In extremis*. T. da Exposição, 11.9.1908. In: *Teatro de Artur Azevedo*. Rio de Janeiro, Funarte, 1995, tomo VI.
– *A Viúva Clark*. T. Apolo, 15.2.1900.

BARRETO, Paulo. (Rio de Janeiro, 5.8.1881-*Idem*, 23.6.1921)
Jornalista, contista, cronista e comediógrafo. Escreveu sob diversos pseudônimos, sendo o mais conhecido o de *João do Rio*. Membro da ABL, eleito em 7.5.1910.

Produção teatral utilizada:
– *A Bela Madame Vargas*. T. Municipal, 22.12.1912. (Cópia mecanográfica.) Rio de Janeiro, UNI-RIO, s. d. Consta reapresentação no T. Municipal, São Paulo, agosto de 1915.
– *Não é Adão / Que Pena Ser só Ladrão*. T. Trianon, 9.9.1915.
– *Eva*. T. Trianon, 14.11.1916.

BARROS, Rêgo.
– *O Amigo Tobias*. Íris, 23.9.1929 (red.)
– *A Primeira Mentira*. Trianon, 2.4.1927. Constam muitas reapresentações no período.

BASTOS TIGRE, Manoel.
– *O Micróbio do Amor*. Comédia ligeira. Recreio, 6 ou 7/1916.
– *Sorte Grande*. Cassino, 18.6.1926.
– *Viagem ao Redor das Mulheres* (com Antônio Torres). Cassino Antártica, São Paulo, setembro-outubro de 1920.

BATISTA JÚNIOR, J. A. (Minas Gerais, 15.2.1887-...1948)
– *A Cigarra e a Formiga* (c/ Agenor Chaves). Carlos Gomes, 5/1926.
– *Coitado do Xavier* (c/ Agenor Chaves). Trianon, 28.11.1930.
– *O Pulo do Gato*. São José, 6.8.1925.

BERNARDINO, Manoel. (Rio de Janeiro, 3.1.1889-...)
– *A Suspeita*. João Caetano, 20.3.1925.

BRAGA, Belmiro (Vargem Grande, Juiz de Fora, MG 7.1.1872-JF, 30.3.1937)
Prosador e poeta. Inspetor de Ensino e Membro fundador da Academia Mineira de Letras.

Comédias:
– *Amigo Verdadeiro*.
– *Na Cidade*. Bijou Salão, São Paulo, 1913. Constam reapresentações no T. Boa Vista, São Paulo, fevereiro de 1917.
– *O Divórcio*.
– *Na Roça*. Consta reapresentação no Bijou Salão, São Paulo, 1913. Constam reapresentações no T. Variedades, São Paulo, agosto de 1914; Teatro Brasil (SP), julho de 1915; Boa Vista (SP), fevereiro de 1917.
– *Padre, Filho e... Espírito Santo*. Boa Vista, São Paulo, fevereiro de 1917.
– *Porto, Madeira e Colares*.
– *Que Trindade!* (Um ato) – Juiz de Fora 10.6.1910. (Ed. Liv. Teixeira, São Paulo, 1920.)

CALDEIRA, Fernando.
– *Mantilha de Rendas*. Estréia: T. Trianon, 8.5.1918. Lisboa, J. A. Rodrigues Ed., 1910. Constam reapresentações em todo o período. Constam reapresentações no T. Apolo, São Paulo, novembro de 1925 a março de 1926.

CAMARGO, Joracy Schafflor. (Rio de Janeiro, 18.10.1898-...)
– *Chauffeur*. Lírico, 23.1.1930.
– *O Dia da Violeta*. (*Vaud.*) C. Gomes, 24.11.1928.
– *De Quem É a Vez?* Trianon, 5.7.1927.
– *A Menina dos Olhos*. Lírico, 29.8.1928. Constam muitas reapresentações no período.
– *Tenho uma Raiva de Você!...* Cassino, 27.6.1930. Constam muitas reapresentações no período.
– *O Bobo do Rei*. Trianon, 5/1931.

CAMPOS, César Câmara de Lima. (Rio de Janeiro, 7.11.1872 – Idem, 2.1.1929)
Relator de debates do Conselho Municipal, jornalista, contista, cronista e teatrólogo.
– "Flor Obscura". Drama em um ato. T. Municipal, 28.11.1912. *Kosmos*. Rio de Janeiro, dez. 1907. Muito reapresentada a partir da estréia.

CANALI, João.
– *Feiosa*. 23.7.1926. Constam muitas reapresentações no período.

CARDIM, Pedro Augusto Gomes. (Porto Alegre (RS) 16.9.1864-...)
Estudou no Liceu do Porto e cursou direito na Fac. de São Paulo. Musicista e teatrólogo, organizou, em 1917, a Companhia Dramática Nacional, cuja estrela era Itália Fausta.
Produção teatral:
– *Anita*. (Com Olival Costa.) T. São José, São Paulo, 4.11.1915. Reapresentação no T. Recreio, dezembro de 1915.
– *A Conspiração*. Comédia em um ato.
– *O Carnet*. T. Royal, São Paulo, 15.10.1915.
– *O Honesto*. Drama em cinco atos.
– *Os Loiros*. Comédia em três atos (com José Piza). Consta apr. em São Paulo. T. Politeama, 25.4.1899.
– *A Madrasta*. Comédia em três atos.
– *Da Monarquia à República*. Vaudeville. São Paulo, 1896.
– *O Primeiro Cliente*. Comédia em um ato.
– *A Tia*. Comédia em dois atos.

CARVALHO, Afonso.
– *Um Homem Engraçado*. Trianon, 29.12.1925.

CASTRO, Ruth Leite Ribeiro de.
– *E a Vida Continuou...* T. São Pedro, 29.7.1922.

CHAVES, Agenor. (Bahia, 9.8.1899 – Rio de Janeiro, 5.4.1927).

COELHO, José Batista. (Santos, 1.1.1877 – Rio de Janeiro, 3.7.1916).
Jornalista, ator e dramaturgo. Fez parte da redação do *Jornal do Brasil*. Dirigiu, entre outros, *A Noite* e a *Revista da Semana*.
Produção teatral:

– *Os Botões*. T. Recreio.
– *Os Cometas*. T. Recreio.
– *Não Venhas* (paródia ao *Quo Vadis*). T. Apolo.
– *Sem Vontade*. Drama em três atos. T. Municipal, 15.2.1913.
– *A Volta do Filho*. T. Recreio.
– *O 106*. (Inaug. do Fluminense em São Cristóvão.)

COELHO NETO, Henrique Maximiano. (Caxias (MA), 21.2.1864 – Rio de Janeiro, 28.11.1934).
Contista, cronista, romancista e teatrólogo. Membro fundador da ABL, cad. nº 2. Diretor da Escola Dramática Municipal (1909...).

Produção teatral encenada no período (principais textos):
– "O Dinheiro". Drama em três atos. T. Municipal, 12.11.1912. In: *Teatro*. Porto, Chardron, 1917, vol. 5.
– *O Diabo no Corpo*. Comédia em três atos. T. Lucinda, 1905.
– *Fim de Raça*. Comédia em um ato. T. Apolo, 22.12.1900.
– *Indenização ou República*. (Com Emílio Ruéde.) Teatro Príncipe Imperial, 1888 ou 1889.
– "O Intruso". Drama em um ato. T. Trianon, 6.7.1915. In: *Teatro*. Porto, Chardron, 1917, vol. 5.
– *Ironia*. Drama em um ato. T. São Pedro, 18.11.1898.
– *O Pedido*. Comédia em um ato. T. Recreio, 1917.
– *Quebranto*. Comédia em três atos. T. da Exposição, 21.8.1908.
– *Relicário*. Comédia em três atos. T. Lucinda, 24.5.1899.

COELHO, Luís Cândido Furtado. (Lisboa, 28.12.1831 – Rio de Janeiro, 13.2.1900.)
Ator correto, ensaiador primoroso e empresário arrojado, foi um dos elementos que mais contribuíram para a introdução do teatro realista no Brasil (Galante de Souza, vol. II, p. 179).
– *O Ator*. Quatro atos e um prólogo. Ginásio Dramático, novembro de 1866.
– *O Remorso Vivo* (com Joaquim Serra). Drama lírico fantástico – Gin. 21.2.1867. Constam reapresentações em 1896.

CORRÊA, Viriato. (Pirapemas, MA, 23.1.1884 – Rio de Janeiro...)
Historiador, cronista, ficcionista, teatrólogo e empresário, colaborador dos jornais *Gazeta de Notícias*, *Correio da Manhã* e *A Noite*, entre outros. Membro da ABL, cad. nº 32.

Produção teatral utilizada:
– *Juriti*. Comédia em três atos. T. São Pedro, 16.7.1919.
– *Nossa Gente*. Comédia em três atos. Trianon, 19.7.1920. Rio de Janeiro, Braz Lauria Ed., 1920. Constam reap. T. Boa Vista, São Paulo, fevereiro-março de 1921.
– *Uma Noite de Baile*. T. João Caetano, 12.11.1926. Constam muitas reapresentações no período.
– *Pequenita*. Trianon, 2.9.1927.
– *Sol do Sertão*. Trianon, 18.4.1917. Constam reapresentações T. São José, São Paulo, fevereiro-março de 1920.
– *Zuzu*. Trianon, 4.7.1923. Mais de cem apresentações.

Costa, Jaime.
– *Maldito Tango* (c/ Brasil Gerson). Fênix, 19.7.1928.

Couto, Rui Ribeiro. (Santos, 12.3.1898-...)
Bacharel em direito, diplomata, poeta, contista e dramaturgo. Membro da ABL.
– *Nosso Papás*. T. Trianon, 27.5.1921.

Dantas, Júlio.
– *A Ceia dos Cardeais*. Trianon, 1918.
– *Confissão*. Fênix, 17.3.1916.
– *Soror Mariana*. Trianon, 1916.

Domingues, Mário.
– *Senhorita 1927*. Trianon, 26.6.1927.
– *Eva no Ministério*. Trianon, 18.5.1923 (c/ Mário Magalhães). Mais de cinqüenta apresentações.

Fontes, José Maria Martins.
– *A Partida para Citera*. São José, 18.11.1925.

Fonseca, Antônio.
– *O Príncipe dos Gatunos*. São José, 16.6.1925.

França Júnior, Joaquim da. (Rio de Janeiro, 19.4.1838 – Minas Gerais, 27.9.1890)
Advogado, jornalista e teatrólogo. Membro fundador da ABL, cad. nº 12. Colaborador de diversos jornais da época.

Produção teatral referida:
– *Caiu o Ministério*.
– *Como se Fazia um Deputado*.
– *Defeito de Família*. Comédia em um ato. Fênix Dramática, 25.9.1870. (A partir de 1903 é reapresentada constantemente no período.) Rio de Janeiro, Tip. Americana, 1871.
– "As Doutoras". Comédia em quatro atos. T. Recreio Dramático, 27.6.1889. In: *Teatro de França Júnior*. Rio de Janeiro, MEC/Funarte/SNT, 1980, tomo II. É reapresentada sistematicamente no período.
– *Portugueses às Direitas*. Comédia em três atos. T. Recreio Dramático, 9.5.1890. Constam reapresentações no Politeama – São Paulo, 1896.
– "Tipos da Atualidade". Comédia em três atos. T. Recreio, fevereiro de 1862. Consta reapresentação no Trianon em 22.2.1919. In: *Teatro de França Júnior*. Rio de Janeiro, MEC/Seac/Funarte/SNT, 1980, tomo II.

Fróes, Leopoldo.
– *Mimosa*, 1921.
– *O Outro Amor*. Lírico, 2.7.1920.

Garrido, Eduardo.
– *O Mártir do Calvário*, 1915.

Góes, Carlos Fernandes. (Rio de Janeiro, 10.10.1881 – Petrópolis, 21.5.1934)
Advogado, professor de português, poeta, gramático e teatrólogo. Membro da Academia Mineira de Letras.

Produção teatral utilizada:
– *Sacrifício*. Drama em três atos. T. Municipal, 23.11.1913. (Cópia datilográfica.) Rio de Janeiro, Funarte, s. d. Constam reapresentações no República em 1917.

GOMES, Roberto Luís Eduardo Ribeiro. (Rio de Janeiro, 12.1.1882 – Idem, 31.12.1922)

Inspetor escolar do ensino municipal, crítico teatral de *A Notícia*, conferencista, jornalista, musicista, professor e teatrólogo.

Produção teatral utilizada:
– "Canto sem Palavras". Drama em três atos. T. Municipal, 10.10.1912. In: *Teatro de Roberto Gomes*. Rio de Janeiro, MEC/Inacen, 1983.
– *Ao Declinar do Dia*. Drama em um ato. T. Municipal, 1910. *Idem, ibidem*.
– *Inocência*. T. Fênix, 22.6.1921.
– *Jardim Silencioso*. Drama em um ato. T. Recreio, 16.9.1918. *Idem, ibidem*. Consta reapresentação em 1919.

GONÇALVES, Paulo. (... – Rio de Janeiro, 1927)
– *Comédia do Coração*. T. Apolo, São Paulo, 11.8.1925.
– *Mulheres Não Querem Almas*. Carlos Gomes, 28.10.1925.
– *1830*. Trianon, 30.9.1924.

GONZAGA, Armando G. da Silva. (Rio de Janeiro, 20.1.1884 ou 89 (?) – Niterói, 15.1.1954)

Jornalista e teatrólogo.

Produção teatral utilizada:
– *O Amigo da Paz*. Recreio, 3/1922 – Trianon, 8 a 31.7.1922.
– *Balduíno Entrega os Pontos!*... T. Trianon, 21.6.1928. Constam muitas reapresentações no período.
– *O Bernardo Derrapou*. Trianon, 4.6.1929.
– *O Bonde da Alegria*. Carlos Gomes, 18.9.1928.
– *Cala a Boca, Etelvina!* Trianon, 9.6.1925. Constam muitas reapresentações no período.
– *Carnaval em Família*. Trianon, 2.2.1926.
– *A Descoberta da América*. T. Lírico, 21.9.1928. Constam muitas reapresentações no período.
– *O Discípulo Amado*. Trianon, 13.6.1923.
– *És Tu, Malaquias?*. Trianon, 7.1.1927.
– *A Flor dos Maridos*. Comédia em três atos. T. Recreio, 3.3.1922. (Cópia datilográfica.) Rio de Janeiro, UNI-RIO, s. d.
– *Graças a Deus*. Mais de cinqüenta apresentações. Trianon, 23.10.1923.
– *O Homem do Fraque Preto*. Trianon, 4.9.1930.
– *Ipanema – Túnel Novo*.
– *O Livro do Homem*. Municipal, 3.11.1925.
– *O Mimoso Colibri*. Trianon, 23.1.1923.
– *O Ministro do Supremo*. Comédia em três atos. Trianon, 2.12.1921.
– *Não Vi o Homem*. Trianon, 2.5.1927.
– *O Secretário de S. Excia*. Trianon, 15.4.1924 (estréia antes).
– *O Tio Salvador*, 1922.

GUANABARINO, Oscar. (Niterói, 29.11.1851 – ...)
Redator do *Jornal do Commércio*, crítico musical, jornalista e teatrólogo.

Produção teatral:
– *Aurora*. Comédia em três atos.
– *Ave Maria*. Drama em três atos.
– *Perdão que Mata*. Drama em três atos. T. Palace, 4.10.1917.
– *O Senhor Vigário*. Comédia. Primeiro lugar no concurso dramático do Teatro Pequeno, 1916. T. Recreio, 1916.
– *As Três Velhinhas*. T. Trianon, 12.12.1917.

GUIMARÃES, Antônio (escritor português).
– *Flor de Maio*. T. Trianon, 22.6.1920.
– *A Pupila do Meu Tio*. Trianon, 4.1.1924.
– *A Querida Vovó*. T. Trianon, 18.10.1922.
– *Sol dos Trópicos*. T. Fênix, 23.10.1926.
– *No Tempo Antigo*. Comédia em três atos. T. Trianon, 17/7 a 7.8.1918. Rio de Janeiro, Casa A. Moura, s. d.
– *Travessuras de Berta*. Trianon, 25.4.1923.
– *Vida e Morte de Sta. Terezinha do Menino Jesus*. João Caetano, 1.9.1927.

IGLÉZIAS, Luiz.
– *Minha Casa é um Paraíso*. Trianon, 1930.

LACERDA, Maurício de.
– *Flor de Lótus*. Lírico, 19.1.1929 (c/ Heitor Modesto).

LEITÃO, César.
– *Era uma Vez um Marido*. Trianon, 1.6.1927.
– *O Homem de Família*. Trianon, 22.1.1927 (c/ Armando de Carvalho).
– *Madame Está em Caxambu*. Trianon, 25.2.1926.

LIMA, Benjamin Franklin de Araújo. (Óbidos, PA, 27.11.1885 – ... 9.1.1948)
Professor, promotor público em Manaus, juiz do comércio, escrivão federal, jornalista e teatrólogo.
Produção teatral:
– *O Homem que Marcha*. Lírico, 1.3.1925.
– *Venenos*. Drama em três atos e oito quadros (1938). R. T., SBAT, nº 244.
– *O Carrasco*. Drama. T. São Pedro, 2.8.1922.

LOPES, Domingos de Castro.
– *As Sufragistas*. T. Trianon, 11.1.1916 (adaptação de *A Emancipação das Mulheres*). Comédia em três atos de Antônio de Castro Lopes. (Rio de Janeiro, 5.1.1827 – *Idem*, 11.5.1901.) Professor, deputado, latinista e dramaturgo (pai de Domingos). T. São Pedro, 1852. In: *Teatro*. Rio de Janeiro, Tip. do Imperial Instituto Artístico, 1864, tomo II.

LOPES, Oscar Amadeu L. Ferreira. (Ceará, 31.12.1882 – Rio de Janeiro, 1.10.1938)
Bacharel de direito, poeta, romancista, jornalista e dramaturgo. Redator da *Gazeta de Notícias* e colaborador de diversos jornais no Rio de Janeiro. Em 23.9.1914 faz a conferência *O Teatro Brasileiro, seus Domínios e Aspirações*. Anais da Biblioteca Nacional, Rio de Janeiro, 1920, vol. 38, pp. 35-45.

Produção teatral utilizada:
- *Albatroz*. Drama em três atos. Rio de Janeiro, 22.10.1909.
- *Cabotinos*. Drama em três atos. T. Municipal, 22.10.1913. (Cópia datilográfica.) Rio de Janeiro, Funarte, s. d.
- "Impunes". Drama em três atos. T. Municipal, 1910. In: *Teatro*. Rio de Janeiro, H. Garnier, s. d.

MAGALHÃES, Paulo de.
- *Aluga-se uma Mulher*, 1926.
- *Aventuras de um Rapaz Feio*. Trianon, 10.7.1925.
- *Coração de Mulher*. Glória, 1.8.1928.
- *O Coração não Envelhece*. Cassino, 5.7.1930.
- *E o Amor Venceu*. Trianon, 5.1.1923.
- *Felicidade*, 1930.
- *Flor da Rua*. Trianon, 1.12.1926.
- *Guerra às Mulheres*, 1930.
- *Mãe Preta*. Trianon, 1929.
- *A Mulher é um Perigo*, 1928, Cias. Fróes e Procópio.
- *Onde Está o Dinheiro*, 1928, Cias. Fróes e Procópio.
- *Querido das Mulheres*. Trianon, 1929.
- *Senhorita Futilidade*. Trianon, 10.10.1924.
- *Sou o Pai de Minha Mãe*, 4.10.1927.
- *Velhice Desamparada*.

MATOS, Aníbal.
- *Barbara Heliodora*. Drama histórico. T. Carlos Gomes, 1.9.1922. (Homenagem da Cia. José Loureiro ao centenário da Independência. Com Itália Fausta.)

MILANEZ, Abdon. (... – Rio de Janeiro, 1.4.1927)
- *Fruto Proibido*. Trianon, 24.11.1926.
- *O Lírio*. Lírico, 19.7.1922.
- *Moças de Hoje*. Rialto, 17.11.1925.
- *O Perdão*.

MODESTO, Heitor.
- *O Bezerro de Ouro*. T. Trianon, 8.12.1922.
- *Boa Mamã*. T. Trianon, 6.6.1922.
- *Gente de Hoje*, 1922.
- *Não Partirás*. Drama em três atos. T. São Pedro, 18.10.1922. (Manuscrito.) Rio de Janeiro, arquivo SBAT, s. d.

MOREYRA, Álvaro.
- *Adão, Eva e Outros Membros da Família*. Cass. Beira Mar, 10.11.1827.

Moscoso, Tobias.
- *Esquecer*. Carlos Gomes, 14.10.1924.

OITICICA, José.
Produção teatral:
- *Pedra que Rola* (escrita em 1910). T. Carlos Gomes, 1.7.1920.
- *Quem os Salva*. T. Carlos Gomes, 20.8.1920.

PEDERNEIRAS, Raul.
– *O Chá do Sabugueiro*, 1922.
– *Chama um Táxi*. T. São José, São Paulo, fevereiro-março de 1920.
PICCHIA, Paulo Menotti del.
Bacharel em direito, romancista, contista, ensaísta e cronista. Um dos organizadores da Semana de Arte Moderna. Membro da ABL (cad. nº 28).
– *Suprema Conquista*. T. República, 19.3.1921.

PINHEIRO, Antônio Marques. (Rio Pardo, RS, 31.3.1881 – Rio de Janeiro, 20.2.1936)
Secretário de redação de diversos jornais cariocas, presidente perpétuo da Casa de Cervantes, membro da SBAT.
– *O Álcool*. Drama. T. Municipal, 30.3.1913.
– *A Renúncia*. Drama em um ato. T. Carlos Gomes, 28.5.1920.

PINHO, João.
– *O Casamento de Pindoba*. Variedades, São Paulo, agosto de 1914. Consta reapresentação no Teatro Brasil (SP), julho de 1915.
– *O Batizado de Pindobinha Filho*. Variedades, São Paulo, agosto de 1914.

PONGETTI, Henrique.
– *Nossa Vida é uma Fita*, 1930.

RAMOS, Arlindo.
– *A Caixeirinha da Sloper*. Trianon, 2.2.1927.

REIS FILHO, Aarão.
– *Madame Chá*. T. Trianon, 11.5.1915 (Cia. Cristiano de Souza).

ROCHA, Artur Pinto da. (Rio Grande (RS), 26.12.1864 – Rio de Janeiro, 18.7.1930)
Bacharel em direito, redator-chefe e diretor de jornais de Porto Alegre, patrono da Academia Rio Grandense de Letras, pertenceu ao IHGB. Poeta, ensaísta, historiador e dramaturgo.
Produção teatral:
– *Ave Maria*. T. Trianon, 7.4.1916.
– *Dilema*. T. Municipal, 25.10.1920.
– *Entre Dois Berços*. T. República, 9.4.1920.
– *A Estátua*. Drama. T. Recreio, 7.7.1918. Constam muitas reapresentações.
– *A Farsa*. Drama em três atos. T. Municipal, 1.3.1913.
– *Sonho de Zagália*.
– *Thalita*. Evangelho em três atos. T. Apolo, agosto de 1906.
– *Visão de Colombo*.

ROSA, Abadie Faria.
– *A Filha da Dona da Pensão*. T. Fênix, 29.3.1921.
– *Doutor João André, Médico e Operador*, 1.10.1925.
– *Entrou de Caixeiro e Saiu de Sócio*.
– *Foi Ela que me Beijou*. T. Cassino, 3.8.1926.
– *Levada da Breca*. T. Trianon, 5.4.1922.
– *O Líder da Maioria*. T. Lírico, 11.9.1928. Constam muitas reapresentações no período.

– *Longe dos Olhos*. T. Trianon, 8.8.1919. Constam reapresentações no T. São José (SP) fevereiro-março de 1920.
– *Nossa Terra*. Comédia em três atos. T. Trianon, 23.7.1917. Rio de Janeiro, Braz Lauria, 1917. Constam reap. T. São José (SP) fevereiro-março de 1920 (reap. no repertório de L. Fróis até 1922).
– *Sangue Gaúcho*. Cassino, 13.11.1930.
– *Soldadinhos de Chumbo*. T. Palace, 8.6.1918.

SANTOS, Miguel.
– *O Bacharel*. Comédia. Boa Vista (SP), agosto-setembro de 1926.
– *O Bacharel Trancinha*. Íris, 7.10.1929 (red.).
– *O Bacharel do Trem*. Trianon, 14.1.1927.
– *Braço é Braço*. Cine Teatro, 4.3.1929.
– *O Garçon do Casamento*. Trianon, 15.1.1930 (c/ Carlos Bittencourt).
– *O Hotel dos Amores* (vaud.). São José, 26.5.1930.
– *Não me Conte esse Pedaço*. Trianon, 3.12.1929. Constam muitas reapresentações no período.
– *Não Posso Viver Assim...* São José, 27.5.1929.
– *Pomo de Discórdia*. Trianon, 7 e 8/1921 (c/ Antônio Lamego).
– *Viva a Paz!* São José, 4.11.1930. Constam reapresentações no período.

SCHIMIDT, Afonso.
– *As Levianas*. T. Trianon, 7.12.1928. Constam muitas reapresentações no período.

SOUZA, Cláudio Justiniano de. (São Paulo, 20.10.1876 – Rio de Janeiro, 28.6.1954).
Médico, membro da ABL, (cad. nº 29), romancista, conferencista e teatrólogo.

Produção teatral:
– *Arte de Seduzir*. Trianon, 22.4.1927.
– *A Escola da Mentira*. Trianon, 18.9.1923. Constam reapresentações no período.
– *Eu Arranjo Tudo*. Comédia em três atos. T. Trianon, 22.11.1915. Rio de Janeiro, Pimenta de Melo, 1920. Muito reapresentada no período.
– *Flores de Sombra*. Drama em três atos. T. Trianon, 23.5.1917. (Cópia datilográfica.) Rio de Janeiro, UNI-RIO, s. d. Constam muitas reapresentações no período.
– *Um Homem que Dá Azar*. T. Trianon, 3.12.1917.
– *A Jangada*. Trianon, 27.2 a 23.3.1920.
– *O Milhafre* (Cia Francesa). T. Municipal, 1.6.1921.
– *Outono e Primavera*. Trianon, 7.6 a 7.7.1918. Consta reapresentação em 1919. Constam reapresentações no T. São José (SP) fevereiro-março de 1920.
– *Papai, Mamãe e Vovô*. Trianon, 31.12.1929. Constam reapresentações no período.
– *Renúncia*. Drama em três atos. T. São Pedro, 16.8.1917. Rio de Janeiro, Pimenta de Melo, 1923.
– *As Sensitivas*. Trianon, 19.10.1920.
– *Uma Tarde de Maio*. Lírico, 21.7.1921.

– *Turbilhão*. Drama em três atos. Consta apresentação na Pro-Matre em 24.8.1919. Rio de Janeiro, Pimenta de Melo, 1920.

TOJEIRO, Gastão Manhães. (Rio de Janeiro, 3.2.1880 – *Idem*, 29.11.1965) Teatrólogo.

Produção teatral no período:
– *Os Aliados*. Comédia. T. Fênix, 17.10.1916.
– *Amor... e Ovos*. Comédia. T. Trianon, 23.1.1918.
– *A Cabocla do Caxangá*. T. Variedades (SP), agosto de 1914.
– *O Chefe do Trem Azul*, 1930.
– *Cinzas Vivas*. Drama. T. Palácio, 5.4.1922 (Cia. Gomes Cardim).
– *Dança o Pai... as Filhas Dançam*. T. Cassino, 1.9.1926.
– *Há um Demais...* Comédia-*vaudeville*. T. Trianon, 28.12.1921.
– *O Herói dos Submarinos*. T. Carlos Gomes, 9.9.1920.
– *O Homem do Dinheiro. Vaudeville*. Palácio, 19.8.1921 (representada por uma Cia. francesa).
– *O Ídolo das Meninas (Os Rivais de George Walsh)*. Comédia. T. Recreio, 1918 / T. Trianon, 19.12.1919.
– *A Inquilina de Botafogo*. T. Trianon, 5.11.1920. Constam reapresentações no T. Boa Vista (SP) fevereiro-março de 1921.
– *João Cândido*. T. Brasil (SP), julho de 1915.
– *O Jovem Presentino*. Comédia. T. Trianon, 2.10.1918.
– *O Micróbio do Carnaval*. Burleta, 24.1.1923.
– *Minha Mãe Guia Automóveis*. Rialto, 11.9.1925.
– *Minha Sogra é da Polícia*. São José, 27.7.1931.
– *O Modesto Filomeno*. T. Trianon, 8.11.1922.
– *Onde Canta o Sabiá*. Comédia. T. Trianon, 9.6.1921. Constam muitas reapresentações no período.
– *O Pobre Milionário*. Central, 4.5.1923.
– *Por Causa do Rei* (Fonte: Miroel Silveira). T. Boa Vista (SP), fevereiro-março de 1921.
– *Rodolfo Valentão*. Trianon, 15.6.1927.
– *Sai da Porta, Deolinda!* São José, 25.7.1929.
– *O Simpático Jeremias*. Comédia. T. Trianon, 28.2.1918. Constam reapresentações no T. São José (SP), fevereiro-março de 1920.
– *Sinésio... O que Escreve Livros*. T. Glória, 6.7.1928. Constam muitas reapresentações no período.
– *Os Sonhos de Teodoro*. T. Trianon, 23.10.1918.
– *A Viúva dos 500. Vaudeville*, 21.12.1923.

VAMPRÉ, Danton. (Rio Claro, SP, 16.4.1892 – São Paulo, 20.5.1949) Bacharel em direito, jornalista, contista, poeta e teatrólogo.

Produção no período:
– *O Quadro de Watteau*. "Anteato" em verso.
– *A Máscara*. "Alta comédia". T. Carlos Gomes, 28.5.1920 (com Jesuíno Viana).
– *São Paulo Futuro*. Comédia.

VARELA, Correa.
– *O Outro André*. Trianon, 20.2.1923.

– *Casado sem Ter Mulher*. Vaudeville. Trianon, 17.8.1923.

Viana, Oduvaldo. (São Paulo, 27.2.1892 – ...)
Jornalista, contista e teatrólogo. Em 1921 organizou, com Viriato Corrêa e Nicolino Viggiani, a empresa dramática *Abigail Maia*. Dirigiu a Companhia Brasileira de Comédias (1923) e a Escola Dramática do Rio de Janeiro.

Produção teatral no período:
– *O Almofadinha*. Comédia. T. Carlos Gomes, 23.5.1919. Constam reapresentações no T. Boa Vista (SP), fevereiro-março de 1921.
– *Amor de Bandido*? (Mario Nunes, vol. I, p. 195).
– *A Casa do Tio Pedro*. Trianon, 21.12.1920 a 16.1.1921 setenta e duas apresentações.
– *O Castagnaro de Festas*. T. Trianon, 20.11.1928. Constam muitas reapresentações no período.
– *Um Conto da Carochinha*. Trianon, 11.1.1929 (com Guilherme de Almeida e Cornélio Pires).
– *Folha Caída*. Trianon, 23.11.1928.
– *Manhãs de Sol*. Comédia em três atos. Trianon, 21.10 a 1.12.1921.
– *Terra Natal*. Comédia. T. Trianon, 5.5 a 8.6.1920. Constam reapresentações no T. Boa Vista (SP), fevereiro-março de 1921.
– *A Última Ilusão*. Trianon, 4.6.1924. Constam muitas reapresentações no período.
– *A Vida é um Sonho*. Comédia. T. Trianon, 28.6.1922.

Viana, Renato.
Iniciou a carreira em Manaus, onde também tentou o jornalismo. Fundador da EAD de Porto Alegre e diretor da Escola Dramática Martins Pena (RJ). Ator e autor teatral.

Produção teatral representada no período:
– *Abat jour*. Cassino, 17.1.1928.
– *Os Fantasmas*. T. República, 9.3.1920.
– *Gigolô*. Carlos Gomes, 17.9.1924.
– *Luciano, o Encantador*. T. Lírico, 30.7.1920. Constam reapresentações no Cassino Antártica (SP), setembro-outubro de 1920.
– *Salomé*. T. Carlos Gomes, 15.6.1920.
– *Na Voragem*. Drama em três atos. T. Recreio, 3.10.1918.
– *A Última Encarnação de Fausto*. Drama. T. São Pedro, 16.12.1922.

Xavier, Lindolfo.
– *Ruínas*. Drama. T. Trianon, 13.10.1915.

MELODRAMAS (mais reapresentados)

Amor de Perdição
O Anjo da Meia Noite
Uma Causa Célebre
O Conde de Monte Cristo
A Doida de Mont-Mayor
Os Dois Garotos
Os Dois Proscritos

Dom Cezar de Bazan
As Duas Órfãs
A Filha do Mar – Lucotte
A Honra
A Mártir – d'Ennery
A Morgadinha de Val-flor
Quo Vadis?
A Ré Misteriosa
Remorso Vivo
A Rosa do Adro

FONTES

NUNES, Mario. *40 Anos de Teatro*. Rio de Janeiro, SNT, 1956-1959, vols. I, II e III.

SILVEIRA, Miroel. *A Contribuição Italiana ao Teatro Brasileiro: 1895-1964*. São Paulo/Brasília, Quíron/INL, 1976.

SOUSA, J. Galante de. *O Teatro no Brasil*. Rio de Janeiro, INL, 1960, tomos I e II.

Bibliografia

BIBLIOGRAFIA GERAL

ALENCAR, José de. *Teatro Completo*. Rio de Janeiro, MEC/DAC/Funarte/SNT, 1977.
ARANTES, Lilian Almeida de Paula. "Panorama do Teatro Francês no Século XX". In: *Teatro Francês do Século XX*. Rio de Janeiro, SNT/MEC, 1970.
ARAÚJO, Rosa Maria Barboza de. *A Vocação do Prazer: A Cidade e a Família no Rio de Janeiro Republicano*. Rio de Janeiro, Rocco, 1993.
ARÊAS, Vilma Sant'Anna. *Iniciação à Comédia*. Rio de Janeiro, Jorge Zahar Editor, 1990.
ARISTÓTELES. *Arte Retórica e Arte Poética*. Rio de Janeiro, Tecnoprint, s. d.
ASSIS, Joaquim Maria Machado de. *Crítica Teatral*. São Paulo, Jackson, 1955.
BASTIDE, Roger. *Brasil, Terra de Contrastes*. São Paulo, Difusão Européia do Livro, 1980.
BASTOS TIGRE, Manoel. *Reminiscências*. Brasília, Thesaurus, 1992.
BERGSON, Henri. *O Riso*. 2ª ed. Rio de Janeiro, Zahar Editores, 1983.
BRAGA, Claudia (org.). *Teatro de Coelho Neto*. Rio de Janeiro, Funarte, 1998, tomo I.
_____. *Teatro de Coelho Neto*. Rio de Janeiro, Funarte, 2001, tomo II.
BURKE, Peter. *Cultura Popular na Idade Moderna*. 2ª ed. São Paulo, Companhia das Letras, 1995.
CAFEZEIRO, Edwaldo. *História do Teatro Brasileiro: Um Percurso de Anchieta a Nelson Rodrigues*. Rio de Janeiro, EDUFRJ/Eduerj/Funarte, 1996.
CARONE, Edgard. *A Primeira República*. São Paulo, Difusão Européia do Livro, 1983.

CHALHOUB, Sidney & PEREIRA, Leonardo Affonso de Miranda (orgs.). *A História Contada: Capítulos de História Social da Literatura no Brasil*. Rio de Janeiro, Nova Fronteira, 1998.

COARACY, Vivaldo. *Memórias da Cidade do Rio de Janeiro*. Rio de Janeiro, José Olympio, 1965.

COELHO NETO, Henrique Maximiano. *Bazar*. Porto, Chardron, 1928.

———. *A Capital Federal*. Rio de Janeiro, Laemmert, 1899.

———. *A Conquista*. Porto, Chardron, 1921.

———. *Feira Livre*. Porto, Chardron, 1926.

———. *Fogo Fátuo*. Porto, Chardron, 1929.

———. *Frechas*. Rio de Janeiro, Francisco Alves, 1923.

———. *O Meu Dia*. Porto, Chardron, 1928.

———. *Às Quintas*. Porto, Chardron, 1924.

COSTA, Iná Camargo. *A Hora do Teatro Épico no Brasil*. Rio de Janeiro, Paz e Terra, 1996.

———. *Sinta o Drama*. Petrópolis, Vozes, 1998.

COTRIM, Gilberto. *História e Consciência do Brasil*. São Paulo, Saraiva, 1994.

CRULS, Gastão. *Aparência do Rio de Janeiro*. Rio de Janeiro, José Olympio, 1965.

CUNHA, Ciro Vieira da. *No Tempo de Paula Ney*. São Paulo, Saraiva, 1950.

———. *No Tempo de Patrocínio*. São Paulo, Saraiva, 1960.

DÓRIA, Gustavo. *Moderno Teatro Brasileiro*. Rio de Janeiro, MEC/SNT, 1975.

DUARTE, Bandeira. *Efemérides do Teatro Carioca*. Rio de Janeiro, Prefeitura do DF/Secretaria Geral de Educação e Cultura, s. d.

DUARTE, Regina Horta. *Noites Circenses: Espetáculos de Circo e Teatro em Minas Gerais no Século XIX*. Campinas, Editora da Unicamp, 1995.

EDMUNDO, Luiz. *Recordações do Rio Antigo*. Rio de Janeiro, Conquista, 1956.

FARIA, João Roberto. *O Teatro Realista no Brasil: 1855-1865*. São Paulo, Perspectiva/Edusp, 1993.

FAUSTO, Boris. *História do Brasil*. 6ª ed. São Paulo, Edusp/FDE, 1998.

FRAGA, Eudinyr. *O Simbolismo no Teatro Brasileiro*. São Paulo, Art & Tec, 1992.

FUNDAÇÃO CASA DE RUI BARBOSA (Centro de Pesquisas – Setor de Filologia). *Sobre o Pré-Modernismo*. Rio de Janeiro, FCRB, 1988.

FUSER, Fausto. *A "Turma" da Polônia na Renovação Teatral Brasileira, ou Ziembinski: O Criador da Consciência Teatral Brasileira?* Tese de doutoramento (ECA-USP), 1987.

GASSNER, John. *Mestres do Teatro I*. (Trad. Alberto Gusik e Jacó Guinsburg.) São Paulo, Perspectiva/Edusp, 1974.

GEORGE, David. *Teatro e Antropofagia*. São Paulo, Global, 1985.

GUZIK, Alberto. *TBC: Crônica de um Sonho*. São Paulo, Perspectiva, 1986.

HAUSER, Arnold. *História Social da Literatura e da Arte*. São Paulo, Mestre Jou, 1980-1982, tomo II.

HELIODORA, Barbara. *Algumas Reflexões sobre o Teatro Brasileiro*. Porto Alegre, UFRGS, 1972.

HOLANDA, Sérgio Buarque de. *Raízes do Brasil*. São Paulo, Companhia das Letras, 1995.

IGLEZIAS, Luis. *O Teatro da Minha Vida*. Rio de Janeiro, Zélio Valverde, 1945.

JANSEN, José. *Apolônia Pinto e seu Tempo*. Rio de Janeiro, SNT/DIN, 1953.

KOSHIBA, Luiz & PEREIRA, Denise. *História do Brasil.* São Paulo, Atual, 1993.
LOPES, Oscar. "O Teatro Brasileiro, seus Domínios e Aspirações". In: *Anais da Biblioteca Nacional.* Rio de Janeiro, BN, 1920, vol. 38, pp. 35-45.
MACEDO, Joaquim Manuel de. *Memórias da Rua do Ouvidor.* São Paulo, Companhia Editora Nacional, 1952.
MAGALDI, Sábato. *Panorama do Teatro Brasileiro.* Rio de Janeiro: MEC/DAC/Funarte/SNT, 1970.
MAGALHÃES JÚNIOR, Raimundo. *As Mil e uma Vidas de Leopoldo Fróes.* Rio de Janeiro, Civilização Brasileira, 1966.
_____. *Artur Azevedo e sua Época.* São Paulo, Martins, 1955.
MARTINS, Antônio. *Artur Azevedo: A Palavra e o Riso.* São Paulo/Rio de Janeiro, Perspectiva/UFRJ, 1988.
MARTINS, Wilson. *História da Inteligência Brasileira.* 2ª ed. Rio de Janeiro, Martins Fontes, 1996, vols. IV (1877-1896); V (1897-1914) e VI (1915-1933).
MEYER, Marlyse. *Folhetim.* São Paulo, Companhia das Letras, 1996.
NEEDELL, Jeffrey D. *Belle Époque Tropical.* São Paulo, Companhia das Letras, 1993.
NIETZSCHE, Friedrich. *O Nascimento da Tragédia ou Helenismo e Pessimismo.* (Trad. Jacó Guinsburg.) São Paulo, Companhia das Letras, 1992.
NUNES, Mario. *40 Anos de Teatro.* Rio de Janeiro, SNT, 1956, vol. 1 (1913-1920).
_____. *40 Anos de Teatro.* Rio de Janeiro, SNT, 1956, vol. 2 (1921-1925).
_____. *40 Anos de Teatro.* Rio de Janeiro, SNT, 1959, vol. 3 (1925-1930).
OLIVEIRA, Franklin. *A Semana de Arte Moderna na Contramão da História.* Rio de Janeiro, Topbooks, 1993.
ORTIZ, Renato. *A Moderna Tradição Brasileira.* 2ª ed. São Paulo, Brasiliense, 1989.
OSCAR, Henrique. *O Teatro e a Semana de Arte Moderna de São Paulo.* Rio de Janeiro, UFRJ, 1985.
PENA, Luis Carlos Martins. *Folhetins: A Semana Lírica.* Rio de Janeiro, MEC/INL, 1965.
PRADO, Decio de Almeida. *História Concisa do Teatro Brasileiro.* São Paulo, Edusp/Imprensa Oficial, 1999.
_____. *João Caetano: O Ator, o Empresário, o Repertório.* São Paulo, Perspectiva/Edusp, 1972.
_____. *Peças, Pessoas, Personagens: O Teatro Brasileiro de Procópio Ferreira a Cacilda Becker.* São Paulo, Companhia das Letras, 1993.
_____. *Teatro de Anchieta a Alencar.* São Paulo, Perspectiva, 1993.
ROCHA, Oswaldo Porto. *A Era das Demolições: Cidade do Rio de Janeiro 1870-1920.* Rio de Janeiro, Secretaria Municipal de Cultura, 1995.
ROUBINE, Jean-Jacques. *A Linguagem da Encenação Teatral (1880-1980).* Rio de Janeiro, Zahar Editores, 1982.
SENNETT, Richard. *O Declínio do Homem Público: As Tiranias da Realidade.* São Paulo, Companhia das Letras, 1988.
SEVCENKO, Nicolau. "O Prelúdio Republicano, Astúcias da Ordem e Ilusões do Progresso". In: *História da Vida Privada no Brasil.* São Paulo, Companhia das Letras, 1998, vol. 3.
SILVA, Lafayette. *História do Teatro Brasileiro.* Rio de Janeiro, MEC, 1938.

SILVEIRA, Miroel. *A Contribuição Italiana ao Teatro Brasileiro: 1895-1964*. São Paulo/Brasília, Quíron/INL, 1976.

SOUSA, J. Galante de. *O Teatro no Brasil*. Rio de Janeiro, MEC/INL, 1960, 2 vols.

SOUZA, Cláudio de. "Os Estrangeirismos em Nosso Teatro". *Revista de Língua Portuguesa*, Rio de Janeiro, maio 1920.

_____. "O Teatro no Brasil". *Revista do IHGB* (tomo especial), Rio de Janeiro, 1930.

SÜSSEKIND, Flora. *As Revistas de Ano e a Invenção do Rio de Janeiro*. Rio de Janeiro, Nova Fronteira/Fundação Casa de Rui Barbosa, 1986.

_____. *Cinematógrafo de Letras*. São Paulo, Companhia das Letras, 1987.

THOMASSEAU, Jean-Marie. *Le mélodrame*. Paris, Presses Universitaires de France, 1984.

VENEZIANO, Neyde. *O Teatro de Revista no Brasil: Dramaturgia e Convenções*. São Paulo/Campinas, Pontes/Editora da Unicamp, 1991.

VENTURA, Roberto. *Estilo Tropical*. São Paulo, Companhia das Letras, 1991.

VINCENT-BUFFAULT, Anne. *História das Lágrimas: Séculos XVIII-XIX*. Rio de Janeiro, Paz e Terra, 1988.

WILLIAMS, Raymond. *O Campo e a Cidade: Na História e na Literatura*. São Paulo, Companhia das Letras, 1989.

TEXTOS DRAMÁTICOS COMENTADOS

ALENCAR, José Martiniano de. "O Rio de Janeiro (Verso e Reverso)". In: *Teatro Completo*. Rio de Janeiro, MEC/DAC/Funarte/SNT, 1977.

_____. "O Demônio Familiar". In: *Teatro Completo*. Rio de Janeiro, MEC/DAC/Funarte/SNT, 1977.

ALMEIDA, Júlia Lopes de. *A Herança*. Rio de Janeiro, Tip. do Jornal do Commércio, 1909.

_____. "Quem Não Perdoa". In: *Teatro*. Porto, Renascença Portuguesa, 1917.

AZEVEDO, Artur. "O Badejo". In: *Teatro de Artur Azevedo*. Rio de Janeiro, Inacen, 1987, tomo IV.

_____. "A Capital Federal". In: *Teatro de Artur Azevedo*. Rio de Janeiro, Inacen, 1987, tomo IV.

_____. "O Dote". In: *Teatro de Artur Azevedo*. Rio de Janeiro, Funarte, 1995, tomo VI.

_____. "Genro de Muitas Sogras". In: *Teatro de Artur Azevedo*. Rio de Janeiro, Funarte, 1995, tomo VI.

_____. "O Mambembe". In: *Teatro de Artur Azevedo*. Rio de Janeiro, Funarte, 1995, tomo V.

_____. *O Retrato a Óleo*. (Cópia mecanográfica). Rio de Janeiro, UNI-RIO, s. d.

_____. *O Tribofe*. Rio de Janeiro, Nova Fronteira/Fundação Casa de Rui Barbosa, 1986.

_____. "Vida e Morte". In: *Teatro de Artur Azevedo*. Rio de Janeiro, Funarte, 1995, vol. VI.

BARRETO, Paulo. *A Bela Madame Vargas*. (Cópia mecanográfica). Rio de Janeiro, UNI-RIO, s. d.

CALDEIRA, Fernando. *Mantilha de Rendas*. Lisboa, J. A. Rodrigues Ed., 1910.

Campos, César Câmara de Lima. "Flor Obscura". *Kosmos*, Rio de Janeiro, dez. 1907.
Coelho Neto, Henrique Maximiano. "O Dinheiro". In: *Teatro*. Porto, Chardron, 1917, vol. 5.
_____. "A Guerra". In: *Teatro de Coelho Neto*. Rio de Janeiro, Funarte, 1998, tomo I.
_____. "O Intruso". In: *Teatro de Coelho Neto*. Rio de Janeiro, Funarte, 2001, tomo II.
_____. "A Mulher". In: *Teatro*. Porto, Chardron, 1907, vol. 2.
_____. "A Nuvem". In: *Teatro*. Porto, Chardron, 1908, vol. 4.
_____. "Quebranto". In: *Teatro de Coelho Neto*. Rio de Janeiro, Funarte, 1998, tomo I.
Corrêa, Viriato. *Nossa Gente*. Rio de Janeiro, Braz Lauria Ed., 1920.
Dias, Gonçalves. "Leonor de Mendonça". In: *Teatro Completo*. Rio de Janeiro, MEC/DAC/Funarte/ SNT, 1979.
França Júnior, Joaquim. "As Doutoras". In: *Teatro de França Júnior*. Rio de Janeiro, MEC/Seac/Funarte/SNT, 1980, tomo II.
_____. "Tipos da Atualidade". In: *Teatro de França Júnior*. Rio de Janeiro, MEC/Seac/Funarte/SNT, 1980, tomo II.
Góes, Carlos Fernandes. *O Sacrifício*. (Cópia datilográfica). Rio de Janeiro, Funarte, s. d.
Gomes, Roberto Luís Eduardo Ribeiro. "Canto sem Palavras". In: *Teatro de Roberto Gomes*. Rio de Janeiro, MEC/Inacen, 1983.
_____. "Ao Declinar do Dia". In: *Teatro de Roberto Gomes*. Rio de Janeiro, MEC/Inacen, 1983.
_____. "Jardim Silencioso". In: *Teatro de Roberto Gomes*. Rio de Janeiro, MEC/Inacen, 1983.
Gonzaga, Armando G. da Silva. *A Flor dos Maridos*. (Cópia datilográfica). Rio de Janeiro, UNI-RIO, s. d.
_____. *Ministro do Supremo*. (Cópia datilográfica). Rio de Janeiro, UNI-RIO, s. d.
Guimarães, Antônio. *No Tempo Antigo*. Rio de Janeiro, Casa A. Moura, s. d.
Lopes, Antônio de Castro. "A Emancipação das Mulheres". In: *Teatro*. Rio de Janeiro, Tip. do Imperial Instituto Artístico, 1864, tomo II.
Lopes, Oscar Amadeu L. Ferreira. *Cabotinos*. (Cópia datilográfica). Rio de Janeiro, Funarte, s. d.
_____. "Impunes". In: *Teatro*. Rio de Janeiro, H. Garnier, s. d.
Macedo, Joaquim Manuel de. "A Torre em Concurso". In: *Teatro Completo*. Rio de Janeiro, MEC/Seac/Funarte/SNT, 1979, tomo I.
Modesto, Heitor. *Não Partirás*. (Manuscrito.) Rio de Janeiro, Arquivo SBAT, s. d.
Rosa, Abadie Faria. *Nossa Terra*. Rio de Janeiro, Braz Lauria, 1917.
Souza, Cláudio Justiniano de. *Eu Arranjo Tudo*. Rio de Janeiro, Pimenta de Melo, 1920.
_____. *Flores de Sombra*. (Cópia datilográfica). Rio de Janeiro, UNI-RIO, s. d.
_____. *A Renúncia*. Rio de Janeiro, Pimenta de Melo, 1923.
_____. *Turbilhão*. Rio de Janeiro, Pimenta de Melo, 1920.
Tojeiro, Gastão Manhães. *Cinzas Vivas*. (Manuscrito.) Rio de Janeiro, Arquivo SBAT, s. d.

_____. *Onde Canta o Sabiá*. Rio de Janeiro, MEC/SNT, 1973.
_____. "O Simpático Jeremias". *Revista de Teatro*, Rio de Janeiro, SBAT 1966.
Viana, Oduvaldo. "Manhãs de Sol". *Revista de Teatro*, Rio de Janeiro, SBAT, 1961.
Viana, Renato. *Na Voragem*. (Manuscrito com o título *Fogueira de Carne*.) Rio de Janeiro, Funarte, s. d.
_____. *A Última Encarnação de Fausto*. (Cópia datilográfica.) Rio de Janeiro, UNI-RIO, s. d.

TEATRO BRASILEIRO NA PERSPECTIVA

Oficina: Do Teatro ao Te-Ato
   Armando Sérgio da Silva (D175)
O Mito e o Herói no Moderno Teatro Brasileiro
   Anatol Rosenfeld (D179)
Exercício Findo
   Décio de Almeida Prado (D199)
O Teatro Brasileiro Moderno
   Décio de Almeida Prado (D211)
Qorpo-Santo: Surrealismo ou Absurdo?
   Eudinyr Fraga (D212)
Grupo Macunaíma: Carnavalização e Mito
   David George (D230)
Teatro de Anchieta a Alencar
   Décio de Almeida Prado (D261)
A Cena em Sombras
   Leda Maria Martins (D267)
O Drama Romântico Brasileiro
   Décio de Almeida Prado (D273)
João Caetano
   Décio de Almeida Prado (E011)
Uma Atriz: Cacilda Becker
   Nanci Fernandes e Maria T. Vargas (orgs.) (E086)
TBC: Crônica de um Sonho
   Alberto Guzik (E090)
Nelson Rodrigues: Dramaturgia e Encenações
   Sábato Magaldi (E098)
José de Alencar e o Teatro
   João Roberto Faria (E100)
Sobre o Trabalho do Ator
   Mauro Meiches e Silvia Fernandes (E103)

Zumbi, Tiradentes
   Claudia de Arruda Campos (E104)
Arthur de Azevedo: A Palavra e o Riso
   Antonio Martins (E107)
Um Teatro da Mulher
   Elza Cunha de Vincenzo (E127)
O Teatro Realista no Brasil: 1855-1865
   João Roberto Faria (E136)
Antunes Filho e a Dimensão Utópica
   Sebastião Milaré (E140)
Memória e Invenção: Gerald Thomas em Cena
   Sílvia Fernandes (E149)
Moderna Dramaturgia Brasileira
   Sábato Magaldi (E159)
Apresentação do Teatro Brasileiro Moderno
   Décio de Almeida Prado (E172)
Depois do Espetáculo
   Sábato Magaldi (E192)
Em Busca da Brasilidade
   Claudia Braga (E194)
Memórias da Minha Juventude e do Teatro Ídiche no Brasil
   Simão Buchalski (LSC)
Ninguém se Livra dos Seus Fantasmas
   Nydia Licia (PERS)
Marta, a Árvore e o Relógio
   Jorge Andrade (T001)
Urgência e Ruptura
   Consuelo de Castro (T010)
Idéias Teatrais: O Século XIX no Brasil
   João Roberto Faria (T015)

Este livro foi impresso na
LIS GRÁFICA E EDITORA LTDA.
Rua Felício Antonio Alves, 370 – Jd. Triunfo – Bonsucesso
CEP 07175-450 – Guarulhos – SP – Fone: (011) 6436-1000
Fax.: (011) 6436-1538 – E-Mail: lisgraf@uninet.com.br